LE PARFAIT

CHARRON-CARROSSIER.

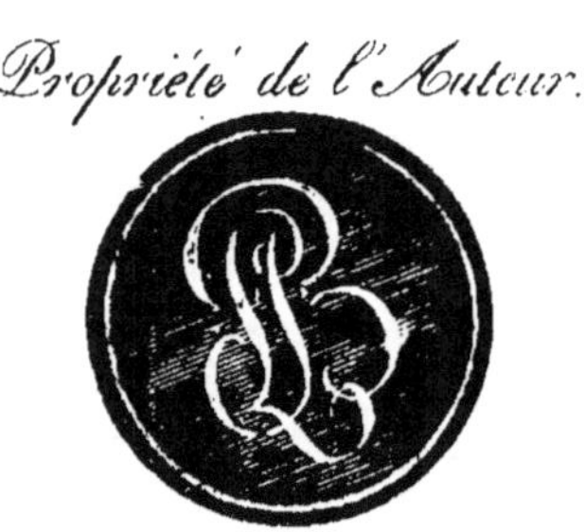

Dijon, Imp. de Duvollet-Brugnot.

LE PARFAIT
CHARRON-CARROSSIER,

ou

TRAITÉ COMPLET

DES OUVRAGES FAITS EN CHARRONNAGE ET FERRURE,

CONCERNANT

tout ce qui est relatif à l'Agriculture :

Charrues simples et compliquées, Semoirs mécaniques, Herses,
Voitures de campagne et de moulins, simples et à ressorts, etc., etc., etc.;

Au Commerce :

Voitures de roulage, telles que Guimbarde, Camion
de marchands de vin, tonneliers et brasseurs;

Aux Arts :

Diable de maçon, Tombereaux, Brouettes, Train-de-Balle de charpentier,
diverses Voitures de messageries, petit-courrier, etc.;
Carrioles ordinaires et à ressorts,
Voitures de luxe : Cabriolets, Tilburys, Wourchs, Coupés, etc.
Harnais de commerce et de luxe ;

Composé, dessiné et gravé sur des Modèles existants,

PAR

Louis BERTHAUX,
Élève de l'École des Beaux-Arts de Dijon,
Auteur du PARFAIT SERRURIER.

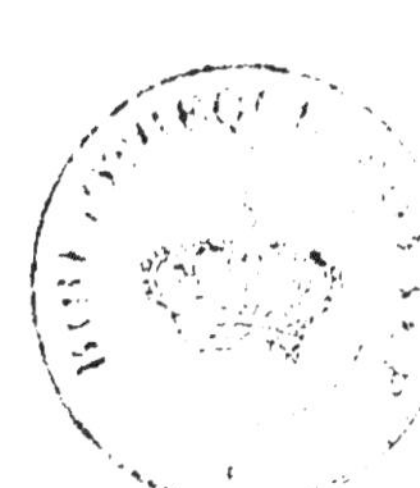

DIJON,
CHEZ L'AUTEUR, GRAVEUR-ÉDITEUR,
Rue de la Liberté, 17.
1834.

Introduction.

L'auteur du *Parfait Serrurier* ayant reçu de ses correspondants de divers points de la France, des demandes instantes et souvent réitérées, relativement à un ouvrage concernant le Charron-Ferreur, s'est enfin décidé à se mettre à l'œuvre. Les praticiens dans cette partie lui ont fait observer, en effet, qu'il n'existe sur cet art que des dessins isolés pour la voiture de luxe, composés à Paris, il est vrai, mais souvent sans coupes, sans détails ni texte explicatif. Les dessins et plans des voitures d'agriculture et de commerce ont peu ou n'ont point attiré jusqu'ici l'attention des dessinateurs. S'il existe quelques ouvrages qui traitent de cette partie, ce sont des ouvrages très volumineux, incompréhensibles pour la majorité des ouvriers, dont l'exactitude est souvent douteuse, et dont le prix est trop élevé pour leur permettre de prendre place ailleurs que dans les bibliothèques des riches amateurs. Aidé des conseils des hommes experts dans cette partie, l'auteur du présent ouvrage n'a rien négligé pour le rendre propre au but qu'il s'est proposé. Il a choisi un format portatif, convenable à tous ; ses dessins sont faits exactement sur des modèles fabriqués ; il y a joint les coupes, les échelles de réduction et un texte explicatif ; l'ensemble en est clair, précis, succinct. Il a choisi toute espèce de voitures susceptibles d'être fabriquées : l'agriculture, le commerce, les arts, la voiture de luxe, ce qui concerne le bourrelier, le sellier, etc. Toute personne qui professe ces diverses parties, trouvera sûrement et exactement tous les plans qui lui sont nécessaires. L'auteur, qui n'a eu qu'à se louer du favorable accueil dont le *Parfait serrurier* a été honoré par toute la France et à l'étranger, espère que ce nouvel ouvrage obtiendra le même succès que celui qui l'a précédé.

LE
PARFAIT CHARRON-CARROSSIER.

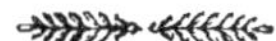

EXPLICATION DES PLANCHES.

PLANCHE PREMIÈRE.

Nº 1, Tarrière. — 2, Graissoir. — 3, Hermi-
nette. — 4, Hache à planche. — 5, Chevalet. —
6, Chantier à percer les jantes. — 7, Aviron. —
8, Vis à fixer la plumette. — 9, Plumette. — 10,
Hache-roues. — 11, Hache à main. — 12, En-
rayoir. — 13, Vidoir. — 14, Selle à joindre. —
15, Chantier à percer les moyeux. — 16, Grand
cabris. — 17, Petit cabris.

PLANCHE 2.

N° 1. Bascule à colonne pouvant se poser au milieu d'un établi rond. Au moyen de son mouvement circulaire, on peut l'amener au-dessus de plusieurs étaux placés en différents endroits de cet établi.

N° 2. Bascule ordinaire ornée d'une grecque.

PLANCHE 3.

Bascule plus riche. Le conducteur glissant au mouvement de la mèche.

PLANCHE 4.

Filière double. On en fait de toute dimension. Les coussinets et les tarauds doivent être en acier.

PLANCHE 5.

Tour portatif pouvant s'adapter à un étau.

PLANCHE 6.

Cric vu de face. Les Crics étant d'une utilité indispensable pour soulever de grands fardeaux, j'ai cru devoir donner une planche détaillée de cette machine, pour la facilité des personnes qui voudraient en construire, et qui ne sont pas à portée d'en avoir sous les yeux. (*Planches* 6 *et* 7.)

Le pignon A est un arbre en fer, sortant par une de ses extrémités du coffre qui renferme le mécanisme; il reçoit à cette extrémité une manivelle, dont on se sert pour mettre en mouvement les différents rouages qui composent le Cric. A l'extrémité opposée de cet arbre, se trouvent quatre fortes dents entaillées dans le massif. Elles s'engrè-nent dans celles de la roue B, appelée roue de rencontre, dont le pignon C porte également quatre dents entaillées dans le massif. Ce pignon C s'engrène à son tour dans les dents de la roue D, qui porte aussi un pignon de quatre dents entaillées dans le massif. Ce pignon s'engrène, comme les autres, dans les dents de l'arbre E, de sorte qu'en tournant la manivelle de l'un ou de l'autre côté, on imprime aux rouages un mouvement de rotation, qui fait monter ou descendre l'arbre.

La figure F représente le dessus de l'arbre E ; la figure G en représente le bas.

PLANCHE 7.

Elle représente le Cric vu sur champ. Les pièces toutes piquées, avec le nom de chaque pièce.

PLANCHE 8.

Figure 1, Clef anglaise. — 2, Clef à coulisse beaucoup moins façonnée, et pouvant remplir le même but, en serrant et desserrant à volonté.

PLANCHE 9.

Charrue. Figure 1, Plan d'élévation. —2, Plan par terre.

N° 1, Le Soc. — 2, Le Sept. — 3, L'Étançon. — 4, Les Manches. — 5, L'âge ou l'Arbre. — 6, Le Versoir. — 7, Le Coutre. — 8, La Crémaillère servant à faire descendre plus ou moins le soc en

terre. — 9, Chaîne de tirage. — 10, Porte-Guides.
— 11, Chargeoir. — 12, Porte-Palonnier. — 13,
Glissant où passe le soc de mise en œuvre, serré
à volonté par la vis de pression. — 14, Essieu.
15, Palonnier. — 16, Gendarme.

PLANCHE 10.

Pièces détachées de la charrue planche 9.

N° 1, Ferrure du sept. —2, Curette. — 3, Ecrou.
— 4, Palonniers à deux chevaux de front. — 5, Palonniers à trois chevaux de front. — 6, Cercle de
mise en œuvre. — 7, Vis de pression pour le cercle
de mise en œuvre. — 8, Porte-Guides. — 9, Chargeoir. — 10, Roues. — 11, Chaîne servant à maintenir l'âge de la charrue. — 12, Support de la sellette vu sur champ et par côté. — 13, Porte-palonniers vu sur champ et par côté. — 14, Porte-
guides se démontant à volonté au moyen d'un
taraudage. — 15, Porte-curette se plaçant dans
l'âge. — 16, Ecrous à oreilles servant à serrer le
gendarme. — 17, Coutre. — 18, Cheville pour ar-
rêter la sellette à volonté.

PLANCHE 11.

Autre Charrue. Figure 1, Plan d'élévation.
— 2, Plan par terre.

N° 1, Le soc. — 2, Le Sept. — 3, L'Étançon.
— 4, Les Manches. — 5, L'Age ou Arbre. — 6, Le
Versoir. — 7, Le Coutre. — 8, La Curette. — 9,
Chaîne de tirage. — 10, Porte-palonniers traversant la sellette et s'accrochant à la chaîne de ti-

rage. Au moyen des trous figurés dans l'âge, on fait descendre plus ou moins le soc en terre.

PLANCHE 12.

Pièces détachées de la Charrue, planche 11.

PLANCHE 13.

Charrue à semoir de Thevenin. Plan d'élévation. N° 1, Soc. — 2, Sept. — 3, Étançon. — 4. Manches. — 5, Age. — 6, Versoir. — 7, Coutre. — 8, Curette. — 9, Chaîne de tirage. — 10, Porte-palonniers en fer. — 11, Semoir. — 12, Grand engrenage commandeur, se plaçant sur le moyeu de la roue et fonctionnant avec elle, commandant un pignon dont l'arbre est supporté par une colonne fixée au charriot. L'autre bout de cet arbre commande un tambour auquel sont fixées trois puisettes, qui jettent la graine dans le conducteur. — 13, Conducteur des graines. — 14, Mécanique s'ajustant sur l'essieu, et servant à alonger la chaîne de tirage n° 9.

PLANCHE 14.

Semoir mécanique inventé par Thevenin, semant et divisant toute espèce de graines, à la quantité et à la distance voulues, soit en rayons, soit à la volée. Plan par terre. N° 3, Étançon. — 4, Manches. — 5, Age. — 6, Versoir. — 7, Coutre. — 8, Porte-curette. — 9, Palonnier. — 10, Porte-palonnier en fer. — 11, Semoir. — 12, Grand engrenage commandeur. — 13, Conducteur des graines. — 14, Glissant ajusté à douille au bout de l'Age servant à donner la mise en œuvre. — 15, Bout de l'Age auquel s'ajuste le glissant.

PLANCHE 15.

Charrue Thevenin. Plan d'élévation vu de derrière. Figure 1. N° 2, Bâti du glissoir mu avec engrenage en-dessous. — 3, Conducteur où glisse le bâti n° 2. — 4, Glissant du n° 14 de la planche précédente. — 5, Vis faisant mouvoir le porte-glissant n° 4, pour mettre à l'œuvre. — 6, Colonne portant l'arbre du pignon. — 7, Arbre portant un tambour auquel sont fixées trois puisettes, dans l'intérieur du semoir. — 8, Semoir. — 9, Couvercle du Semoir. — 10, Vue intérieure du conducteur du Semoir, dont l'intérieur est garni de pointes qui divisent les graines, pour qu'elles ne tombent pas en bloc. — 11, Modification du chariot n° 3, pour éviter l'engrenage; il est arrêté par une vis portant sa manivelle et placée au-dessous de l'essieu. — 12, Vis semblable à celle du n° 14 de la planche 13. — 13, Ecrou à coulisse de la vis n° 12, se plaçant dans le chariot n° 3, et portant la chaine de tirage figurée au n° 9 de la planche 13.

PLANCHE 15 *bis*. (2 planches.)

Charrue à levier par Albert.

Planche 1re. Figure 1. Elévation latérale et principale. — 2, Plan par terre.

Cette Charrue est mise en œuvre sans aide; le

conducteur suffit seul pour faire opérer la machine.

Nota. La description de la 1re planche suffit, les diverses parties étant cotées aux mêmes numéros dans les deux planches.

N° 1, Le Soc. — 2, Le Sept. — 3, Étançon. — 4, Manche. — 5, Age. — 6, Versoir. — 7, Coutre. — 8, Conducteur pour la pression du Soc et la mise en œuvre. — 9, Chaîne de tirage. — 10, Porte-palonnier. — 11, Palonnier. — 12, Vis servant à la pression du Soc, pour le faire entrer en terre à volonté. — 13, Chaîne recevant la broche, pour la facilité de la mise en œuvre. — 14, Vis de pression pour faciliter le tirage. — 15, Sellette où passe l'âge. — 16, Essieu brisé à charnière pour mettre le soc aplomb, par le moyen de la vis de pression 17.

PLANCHE 16.

Scarificateur Dombasle. Plan par terre.

N° 1, L'Age. — 2, Bâti. — 3, Manches. — 4, Dents. — 5, Avant-train portant son palonnier. — 6, Guide des essieux de derrière pour faire monter et descendre le Bâti en terre. — 7, Essieu de derrière. — 8, Pièce en fer de l'Avant-train pour faire monter ou descendre le Bâti en terre.

PLANCHE 17.

Scarificateur Dombasle. Plan d'élévation.

N° 1, L'Age. — 2, Bâti. — 3, Manches. — 4, Dents. — 5, Avant-train. — 6, Conducteur servant

à faire avancer ou reculer le Bâti des roues de
devant, au moyen d'une vis mue par une manivelle placée directement au bout. — 7, Chaîne de
tirage. — 8, Guide où passe le cercle de mise en
œuvre. — 9, Cercle de mise en œuvre garni de ses
trous, où passe la broche nº 10. — 10, Broche
du cercle de mise en œuvre. — 11, Porte-palonnier vu sur champ et de face. — 12, Conducteur
vu de champ et de face. — 13, Pitons où passe
le guide. — 14, Crochet de la chaîne de tirage, vu
de face et de champ. — 15, Guide en fer, garni de
trous pour mettre la broche servant à monter et à
descendre le bâti à volonté. — 16, Essieux passant
dans la pièce nº 15.

PLANCHE 18.

Nº 1, Rouleau creux en fonte vu en plan. — 2,
Plan d'élévation. — 3, Essieu traversant le rouleau,
fixé par des écrous à ses deux extrémités. — 4, Bâti
en bois portant la limonière. — 5, Roue en fonte
ajustée au bout du rouleau. — 6, Echantignolle
en fer. — 7, Bride en fer fixée à l'échantignolle
par deux écrous. — 8, Boîte en cuivre entrant
dans la bride nº 7, et au milieu de laquelle passe
l'essieu nº 3.

PLANCHE 19.

Semoir Dombasle. Figure 1, Plan d'élévation.
— 2, Plan par terre.

Nº 1, Manches du Semoir. — 2, Pieds. — 3, Entonnoir où passe la graine. — 4, Semoir. — 5, Cro-

chet à ressort pour fermer la porte du semoir. —
6, Coffre recevant la graine prise pas les puisettes,
qui la jettent dans l'entonnoir. — 7, Poulie mue
par une chaîne dont le commandeur est la roue
à laquelle est fixée une autre poulie n° 8. — 9, Porte
à coulisse, se plaçant derrière la caisse du semoir
n° 9 (*bis*), ne laissant passer que la graine néces-
saire aux puisettes. On peut la lever et la baisser
à volonté. — 10, Coupe et plan du coffre n° 6. —
11, Arbre en fer portant le tambour des puisettes
et la poulie n° 7. — 12, Coussinets de l'arbre n° 8.
— 13, Décrottoir de la roue.

PLANCHE 20.

Semoir Dombasle. Pièces détachées.

N° 1, Roue portant la poulie n° 8 de la planche
précédente. — 2, Plan du décrottoir n° 13 de la
planche précédente. — 3, Arbre en fer désigné à
la planche précédente sous le n° 11. — 4, Entonnoir n° 3 de la planche précédente. — 5, Tambour
vu plus en grand et portant ses puisettes. — 6, Pui-
sette vue de champ et de face. — 7, Clavettes
doubles pour fixer les puisettes au tambour. —
8, Mortaises placées sur le tambour de manière à
ne mettre que quatre puisettes au lieu de six. —
9, Coussinet à charnière pour l'arbre n° 11 de la
planche 19. — 10, Bâti du semoir. — 11, Charnière de la porte du semoir.

PLANCHE 21.

Herses. N° 1, Herse vue les dents en dessus et

appuyée sur les deux traverses qui servent à la conduire. (*Voyez le profil de ces traverses au n° 4.*) — 2, La même Herse vue les dents en dessous, dans sa position de travail. — 3, Chaîne de tirage avec son palonnier. — 4, Profil de la herse. — 5, Dent munie de son écrou. — 6, Autre modèle de herse. — 7, Profil de la herse n° 6.

PLANCHE 22.

Tombereau n° 1. Figure 1, Plan d'élévation. — 2, Plan par terre. — 3, Elévation latérale sur la ligne *a*, *b*. — 4, Plan d'élévation sur la ligne *c*, *d*. — 5, Ferrure pour le maintien de la traverse. — 6, Traverse d'arrêt faisant décrire la portion de cercle figurée par la ligne pointée *e*. Par ce moyen, les deux bouts *f*, *g*, du tombereau se trouvent avoir leur échappée, et laissent la liberté de le décharger.

PLANCHE 23.

Voiture à moisson. Figure 1, Plan d'élévation. — 2, Plan par terre.

Brouette. Figure 3, Plan d'élévation. — 4, Plan par terre.

PLANCHE 24.

Tombereau n° 2. Figure 1, Plan d'élévation. — 2, Plan par terre. — 3, Coupe sur la ligne *a*, *b*.

PLANCHE 25.

Voiture à pierre. Figure 1, Plan d'élévation. — 2, Plan par terre. — 3, Coupe sur la ligne *a*, *b*. 4, Coupe sur la ligne *c*, *d*. — 5, Rouleau ser-

vant à approcher des roues la mécanique n° 6. —
— 7, Lattes fixées sur les épares par des clous à
vis; elles doivent être arrêtées très solidement, et
faites d'un bois très dur, pour résister aux matériaux dont on les charge. Il est urgent de rappor-
ter des morceaux de bois contre les brancards *e*, *f*,
pour la commodité du chargement.

GRANDE CHARRETTE DE ROULAGE

A GRANDE VOIE.

PLANCHE 26.

Les roues sont garnies de bandes en fer.
Figure 1, Plan d'élévation. — 2, Plan par terre.
— 3, Bâton servant à presser la mécanique contre
les roues. — 4, Rouleau servant à maintenir les
marchandises sur la charrette. — 5, Coffre. — 6,
Plan de la mécanique. — 7, Petite traverse. — 8,
Ferrure qui assujettit les deux barres à la traverse,
le tout assemblé de manière que le mouvement à
droite et à gauche s'opère avec facilité. —9, Bride
en fer qui supporte la mécanique. — 10, Bride
qui supporte le derrière de la mécanique. — 11,
Ringard en fer qui sert à faire mouvoir le tour.
— 12, Pièce circulaire adaptée à la mécanique,
et contre laquelle s'opère le frottement des roues.

TRAIN-DE-BALLE DE CHARPENTIER.

PLANCHE 27.

Figure 1, Plan d'élévation. — 2, Plan par terre. — 3, Ferrure qui garnit la flèche n° 4. Cette ferrure est indispensable. — 5, Essieu garni de sa sellette ainsi que de la chaîne qui sert à maintenir le bois qu'on charge dessus. — 6, Ferrure qui garnit la sellette. — 7, Empanon. — 8, Coupe de l'Empanon. — 9, Palonnier servant à atteler un cheval pour un fort chargement.

VOITURE A BRAS DE CHARPENTIER,

SERVANT A TRANSPORTER L'OUVRAGE FAÇONNÉ DE L'ATELIER AUX CHANTIERS.

PLANCHE 28.

Figure 1, Plan d'élévation. — 2, Plan par terre. — 3, Elévation d'un petit chariot de maçon. — 4, Plan par terre. — 5, Roue pleine. — 6, Coupe de la roue.

TOMBEREAU A BRAS DE PLATRIER.

PLANCHE 29.

Figure 1, Plan d'élévation. — 2, Plan par terre. — 3, Ferrure qui garnit la limonière. — 4, Coupe de la ferrure. — 5, Ferrure de derrière pour le maintien de la planche et la garniture de la limonière.

Brouettes à ridelles avec coquille élevée sur le derrière. — 6, Plan d'élévation. — 7, Plan par terre.

VOITURE A BRAS DE MESSAGERIE.

PLANCHE 3o.

Figure 1, Plan d'élévation. — 2, Plan par terre.
Brouette servant dans les magasins d'épicerie, au transport des marchandises. — 3, Plan d'élévation. — 4, Plan par terre. Toutes les lattes sont en fer ainsi que les coquilles. — 5, Ferrure posée sur les limonières. — 6, Coupe de cette ferrure. — 7, Plan de l'échantignolle.

DIABLE DE MAÇON,

SERVANT A TRANSPORTER LA PIERRE DANS LES CHANTIERS.

PLANCHE 31.

Figure 1, plan d'élévation. — 2, Plan par terre.

VOITURE A BRAS DE TONNELIER.

PLANCHE 32.

Figure 1, Plan d'élévation. — 2, Plan par terre.
— 3, Coupe sur la ligne a, b. — 4, Ferrure du bran-

card. —5, Coupe de cette ferrure sur la ligne c, d.
—6, Essieu. — 7, Profil des ferrures qui réunissent
les deux brancards. — 8, Douille s'adaptant aux
brancards par un écrou, et destinée à recevoir au
besoin des ridelles. — 8 *bis*, La même douille vue
d'élévation et munie de sa ridelle.

HACQUET POUR LE TRANSPORT DES VINS.

PLANCHE 33.

Figure 1, Plan d'élévation. — 2, Plan par terre.

CHARIOT DE BRASSERIE.

PLANCHE 34.

Figure 1, Plan d'élévation. — 2, Plan par terre.
— 3, Coupe sur la ligne c, d. — 4, Coupe sur la
ligne a, b.

CHARRETTE DE BOUCHER.

PLANCHE 35.

Figure 1, Plan d'élévation. — 2, Plan par terre.
— 3, Coupe sur la ligne $a\ b$. — 4, Coupe sur la
ligne $c\ d$.

GRANDE VOITURE DE MOULIN.

PLANCHE 36.

Figure 1, Plan d'élévation. — 2, Plan par terre.
— 3, Coupe sur la ligne *a b*.

CHARIOT DE MOULIN N° 1.

Deux planches sous les n°ˢ 37 et 38.

PLANCHE 37.

a, Plan d'élévation d'un chariot de moulin
avec une limonière qui peut être remplacée par
un timon. (*Voyez planche suivante, n° 8.*) — *b*,
Plan par terre. — *c*, Echelle placée sous le chariot et servant à monter les sacs. — *d*, Tour placé
sous le chariot, servant à serrer les sacs.

PLANCHE 38.

Détails du chariot de moulin n° 1. Figure 1,
Coupe du derrière du chariot. — 2, Coupe du devant. — 3, Ferrure de la limonière. — 4, Ferrure
de côté. — 5, Tour. — 6, Mécanique. — 7, Plan
de la limonière. — 8, Plan du timon qui peut remplacer la limonière du chariot de la planche précédente. — 9, Plan de l'armon et de la fourchette,
dessiné sur une plus grande échelle; les points de
section notés 1, 2, 3, 4. sont les centres des cour-

bes, qui peuvent ainsi être tracées géométriquement.

PETITE VOITURE DE MOULIN.

PLANCHE 39.

Figure 1, Plan d'élévation. — 2, Plan par terre. — 3, Coupe sur la ligne *a b*.

CHARIOT DE COMMISSIONNAIRE.

PLANCHE 40.

Figure 1, Plan d'élévation. — 2, Plan par terre. — 3, Coupe sur la ligne *a b*.

MARINGOTTE DE ROULAGE.

PLANCHE 41.

Figure 1, Plan d'élévation. — 2, Plan par terre. — 3, Coupe sur la ligne *a b*.

CHARIOT DE COMTÉ.

PLANCHE 42.

Figure 1, Plan d'élévation. — 2, Plan par terre. — 3, Coupe sur la ligne *a b*. — 4, Coupe sur la ligne *c d*. — 5, Ferrure du brancard. — 6, Coupe

de la ferrure du brancard. — 7, Plan de la mécanique vue plus en grand.

CHARIOT A TIMON.

PLANCHE 43.

Figure 1, Elévation du chariot avec timon,
échantignolle en fer par devant, une sellette sous
la carcasse, et qui porte sur le centre du train. —
2, Plan par terre. — 3, Siége assujéti avec des
courroies à la ridelle du milieu. — 4, Traverse servant de dossier. — 5, Coupe du siége.

PETIT CHARIOT A SIÉGE.

Deux planches sous les nᵒˢ 44 et 45.

PLANCHE 44.

Figure A, Plan d'élévation du chariot et de son
siége vu latéralement. — B, Plan par terre du train
et de sa limonière, garnie de sa ferrure.

PLANCHE 45.

Détails du petit Chariot de la planche précédente.
— C, Plan par terre de la carcasse. — D, Plan latéral sur la ligne A B avec l'élévation du siége. —
E, Le siége. — F, Plan par terre du siége et du
pourtour du dessus. — G, Coffre pratiqué dans
l'intérieur du siége. — 7, Ferrure de la limonière.

— 8, Ferrure du lisoir. — 9, Cheville ouvrière. — 10, Manchon posé dans l'intérieur de la sellette et de la ligne, et par le moyen duquel s'opère le mouvement à droite et à gauche des roues de devant. — 11, Echantignolle en fer. — 12, Ferrure du têtard. — 13, La même ferrure vue de face. — 14, Equerre circulaire posée dans la courbe du haut des ridelles du siège. — 15, Equerre du châssis du coffre. — 16, Ferrure du bout de la ligne. — 17, Vue de côté de la ferrure de la coquille du devant. — 18, Ferrure de la coquille vue de face. — 19, Broche et sa rondelle placée derrière la ligne.

GROS CHARIOT

DONT LES ÉCALAGES SONT EN PLANCHES DE BOIS BLANC,
AINSI QUE LE FOND.

PLANCHE 46.

Figure 1, Plan d'élévation. — 2, Plan par terre. (*Voir, pour les détails, ceux du chariot n° 3, planches 47 et 48.*)

CHARIOT N° 3.

Deux planches sous les n°° 47 et 48.

PLANCHE 47.

A, Elévation du chariot. — B, Plan par terre. — C, Limonière. — E, Arcs-Boutants. — F, Broche. G, Armons. — H, Lisoir garni d'une lame de fer.

à cause du frottement de la ligne, qui est également garnie de fer. — I, Ligne. — J, Fourchette.

PLANCHE 48.

Plans et Coupes du chariot n⁰ 3. — K, Ecalage qui peut se remplacer par une ridelle ou par de simples planches, comme dans le chariot n° 2. — L, Sellette montée sur l'encastrure de l'essieu. — M, Cornard arrêté avec une cheville ouvrière, pour faciliter le mouvement circulaire des roues du devant, quand on tourne le chariot à droite ou à gauche. Le dessous est revêtu d'une lame de fer, ainsi que la partie supérieure de la sellette du devant. — O, Support. — P, Franche. — Q, Coupe ou plan latéral sur la ligne *a b*. — R, Coupe ou plan latéral sur la ligne *c d*. — S, Plan vu de face siége s'adaptant à volonté sur la traverse du milieu de l'écalage qui pose sur le cornard, et appuyé contre les franches P. — T, Siége vu de côté. — V, Plan de grande et de petite courbe, et traverse pour le haut et le bas du siége. — X, Epure pour le tracé des courbes.

2, Ferrure de la limonière. — 3, Coupe de cette ferrure. — 4, Cheville ouvrière du cornard et du support. — 5, Collier qui maintient ensemble la fourchette et la ligne. — 6, Brocheton et sa rondelle placée dans la ligne, derrière la sellette, pour avancer ou reculer le train de derrière. — 7, Ferrure du bout de la ligne. — 8, Bride qui maintient la sellette à l'essieu. (*Voyez figure 2,* coupe sur la ligne *a b*.) — 9, Ferrure qui garnit le bout du cornard et du support. (*Voyez figures* M *et* O.) — 10, Ferrure pour le maintien du train de derrière à la fourchette. — 11, Plan vu en dessous. — 12, Talon arrêté contre l'encastrure. — 13, Ferrure posée sous les armons et l'essieu pour adapter le train du devant à cette partie. — 14, Plan de cette ferrure.

CHARIOT DE CAMPAGNE.

PLANCHE 49.

Figure 1, Plan d'élévation. — 2, Plan par terre. — 3, Coupe sur la ligne *a b*.

CHARIOT MONTÉ SUR RESSORTS.

Trois planches sous les n°s 50, 51 et 52.

PLANCHE 50.

Fig. 1, Elévation du chariot. — 2, Plan par terre. Les lettres *a* marquent les épares placées en contre-bas des brancards, de l'épaisseur du plancher. *b*, Grandes épares où sont assemblées les franches. — 3, Echelle à double bâti, évasée par le haut, d'une grande utilité pour le chargement des gerbes.

PLANCHE 51.

Coupes du chariot monté sur ressorts. Figure 1, Coupe sur la ligne *a, b*. avec l'élévation d'une

grande ridelle portative pour faciliter le chargement. — 2, Coupe sur la ligne *c, d*. — 3, Plan par
terre des ressorts à bascule attenant au train. —
4, Elévation des petits et des grands ressorts. —
5, Coussinet garni d'une plaque arrêtée sur l'encastrure de l'essieu, et dans lequel s'opère le mouvement du petit ressort. — 6, Elévation d'une
franche et son épare. — 7, Plan par terre de l'é-
pare. — 8, Coupe d'une franche. — 9, Rouleau
placé à l'arrière du chariot.

PLANCHE 52.

*Plan du train du chariot monté sur ressorts, et
détail des pièces.*

N° 1, Plan du train tout monté, prêt à recevoir
la carcasse. — 2, Arrière du train. — 3, Avant du
train. — 4, Timon vu en plan. — 5, Timon vu de
côté. — 6, La Flèche. — 7, Flèche vue de côté. —
8, Empanon vu en plan. — 9, Empanon vu de
côté. — 10, Tirant. — 11, Tirant vu de côté. —
12, Armon. — 13, Armon vu de côté. — 14, Sellette garnie de sa ferrure, et lisoir où s'opère le
mouvement à droite et à gauche du train d'avant,
par le moyen de la cheville ouvrière. — 15, Plan
de la sellette. — 16, Encensoir qui pose sur la volée d'armon en fer. — 18, Volée d'armon. Le
train d'avant décrit cette portion de cercle, dont
le centre est au milieu de la sellette, au point de
section des deux lignes pointées de la figure 3.
19. Traverse de palonnier. — 20. Palonnier. —

21, Plaque en fer posée sur la sellette et sur l'essieu du train de derrière ; cette plaque est percée de trois trous où passent les boulons. — 22, Ferrure posée sur le timon et les armons pour les maintenir ensemble.

AUTRE CHARIOT MONTÉ SUR RESSORTS.

Deux planches sous les nᵒˢ 53 et 54.

PLANCHE 53.

A, Plan d'élévation. — B, Plan par terre avec toutes les lignes ponctuées.

PLANCHE 54.

Plans et Coupes du même chariot. Figure 1, Coupe ou plan latéral sur la ligne *c, d.* — 2, Coupe sur la ligne *a, b.* — 3, Echelle ou Echelette qui se place contre les traverses du train du devant. On l'arrête avec deux boulons et leurs clavettes fixées à la traverse par des chaînettes, en dedans et en dehors. (*Voyez fig.* 2.) — 4, Montant adapté au train de derrière par des crampons. (*Voyez fig.* 1.) — 5, Timon qui remplace la limonière, en supprimant le têtard. — 6, Plan du train et des ressorts.

CARRIOLE Nᵒ 1.

PLANCHE 55.

Figure 1, Plan d'élévation. — 2, Plan par terre. — 3, Coupe ou plan latéral. — 4, Plan des ridelles formant le pourtour de la carriole, avec les lignes ponctuées, désignant l'emplacement de chaque montant, et leur tracé d'assemblage dans les limons. — 5, Coffre. — 6, Equerre posée sur les traverses et les pieds. — 7, Marche-pied. — 8, Coupe du marche-pied.

CARRIOLE N° 2.

PLANCHE 56.

Figure 1, Plan d'élévation. — 2, Plan par terre. — 3, Coupe latérale sur la ligne *a*, *b*. — 4, Détails des assemblages de la carcasse. — 5, Ferrure pour le maintien de l'assemblage des traverses circulaires du tour. — 6, Equerre pour les parties carrées.

CARRIOLE N° 3.

PLANCHE 57.

Figure 1, Plan d'élévation. — 2, Plan par terre. — 3, Coupe latérale sur la ligne *a*, *b*. — 4, Coquille placée en avant de la carriole pour placer des effets. — 5, Coupe ou plan d'intérieur. — 6, Siège servant de coffre.

CARRIOLE A SIX PLACES N° 4.

PLANCHE 58.

Figure 1, Plan d'élévation. — 2, Plan par terre. — 3, Plan des détails de la carcasse. — 4, Coupe ou plan d'intérieur. — 5, Sièges. Un coffre est pratiqué dans celui de derrière. — 6, Magasin servant à placer des marchandises.

CARRIOLE N° 5.

PLANCHE 59.

Figure 1, Plan d'élévation d'une carriole à capote et à coquille circulaire. — 2, Plan latéral sur la ligne a, b. — 3, Plan par terre de la carcasse, avec une méthode pour la tracer : A est le centre de la grande circonférence qui fait le fond de la carriole ; les lettres b sont les centres des arcs qui font l'équerre avec le fond ; les points 2 et 4 marqués dans l'intérieur sont les centres des arcs qui se raccordent avec ceux en équerre ; et les points marqués 1 et 3 sont les centres qui se raccordent avec les derniers. — 5, Coupe ou plan d'intérieur. — 6, Genre d'assemblage des courbes de la capote ; les morceaux prêts à être assemblés, vus de face. — 7, Vus sur champ. — 8, Clef servant à maintenir le joint.

CARRIOLE N° 6, MONTÉE SUR RESSORTS.

PLANCHE 60.

Fig. 1, Plan d'élévation. — 2, Plan par terre. — 3, Magasin dont les côtés sont circulaires. — 4, Coupe ou plan d'intérieur. — 5, Plan des ressorts. — 6, Plan

latéral sur la ligne a, b, avec le tracé du devant
de la capote en ceintre surbaissé ; a est le centre
du grand arc et b, b, sont les centres des petits.
— 7, Ferrure de la limonière, placée dessous.

CABRIOLET A DEUX PLACES,

MONTÉ SUR RESSORTS.

PLANCHE 61.

Figure 1, Plan d'élévation. — 2, Coupe ou plan
latéral. — 3, Plan par terre. — 4, Coupe ou plan
d'intérieur. — 5, Siège servant de coffre. — 6, Porte
s'ouvrant dans le coffre qui donne communication
dans l'intérieur de la caisse. — 7, Traverses du
fond de la caisse. — 8, Montants de l'intérieur de
la caisse où sont arrêtés les panneaux. — 9, Plan
des grandes et des petites courbes du siège, tracées en centre surbaissé ; a est le centre des grands
arcs, et b, b, sont les centres des petits. — 10,
Dessus du siège, dont la tablette est ferrée sur un
cadre, pour former l'ouverture du coffre. — 11,
Plan des ressorts. — 12, Elévation du ressort vu
de face. — 13, Elévation latérale du ressort.

CABRIOLET D'ENFANT.

Deux planches sous les n°ˢ 62 et 63.

PLANCHE 62.

Figure 1, Cabriolet d'enfant. Tout le train et les

roues sont en fer; la caisse à gondole arrêtée sur les traverses en fer avec des boulons à vis et à écrous. — 2, Plan par terre. Le timon est également en fer. — 3, Plan par terre de la caisse. — 4, Siège. — 5, Timon vu en plan. — 6, Timon vu de côté.

PLANCHE 63.

Détails du cabriolet d'enfant de la planche précédente. N° 1, Elévation latérale du derrière. — 2, Elévation du devant. — 3, Coupe de la caisse. — 4, Traverse en fer ceintrée et arrêtée sur les essieux, pour le support de la caisse.

CHAR-A-BANC D'ENFANT.

PLANCHE 64.

Figure 1, Plan d'élévation. — 2, Coupe sur la ligne *a*, *b*. — 3, Coupe sur la ligne *c*, *d*. — 4, Timon.

GRANDE MESSAGERIE.

Six planches sous les nᵒˢ 65, 66, 67, 68, 69 et 70.

PLANCHE 65.

Grande messagerie servant au transport des voyageurs et des marchandises. Élévation latérale et principale.

PLANCHE 66.

Coupe de la grande messagerie sur l'élévation principale. — A, Siège où est placé le postillon.

(*Voyez la même lettre, planche* 65.) La manivelle de la mécanique *b*, est placée à proximité du postillon, de telle sorte qu'il peut la faire mouvoir sans se déranger. Les lettres *c*, *d*, *e*, désignent les marche-pieds pour monter sur le siège et sur l'impériale. Les numéros 1, et 2, sont les centres des courbes du siège. — B, Compas servant à abattre la capote sous laquelle se place le conducteur avec trois voyageurs. Les numéros 5 et 6, sont les centres des courbes de la capote. — C, Console en fer servant à supporter le siège; les numéros 3 et 8, sont les centres des parties courbes de cette console. — D, Pied cornier où est placée la corde qui sert à faire mouvoir la mécanique. Le numéro 10 est le centre du bas du pied, formant patin. — E, Magasin servant à placer les marchandises. Les numéros depuis 1 jusqu'à 17, sont les entailles des traverses formant l'impériale : Ces traverses doivent être cintrées sur leur élévation.

Les lettres F désignent les trois pièces occupées par les voyageurs : celle du devant se nomme le coupé; celle du milieu, l'intérieur; celle du derrière, la rotonde. La ligne horisontale *g* est un liteau cloué sur le siège, pour soutenir le coussin qui est placé dessus.—H, Montant perpendiculaire où sont assemblés les traverses et les panneaux qui divisent la messagerie en trois compartiments. Les lignes J circulaires assemblées dans les montants et dans la grande traverse, servent à rendre les parties extérieures cintrées en plan. Le numéro 9 est le centre de la partie ceintrée sur son élévation. — I, Pied de derrière ; le numéro 8 est son centre.

PLANCHE 67.

Plan par terre de la grande messagerie. N° 1, Siège du postillon. — 2, Coupé. — 3, Intérieur. — 4, Rotonde.

PLANCHE 68.

Plan d'élévation du devant, sur la ligne *a*, *b*. (*Voyez planche* 67.)

N° 1, Banquette où se place le conducteur avec trois voyageurs. — 2, Siège du postillon.

PLANCHE 69.

Plan d'élévation du derrière, sur la ligne *c*, *d*. (*Voyez planche* 67.)

N° 1, Mécanique. — 2, Bâche servant à garantir les marchandises placées sur l'impériale. — 3, Coffre d'intérieur pour la commodité des voyageurs. L'ouvrier qui construit une messagerie de ce genre, doit disposer le dessus du siège de manière que les voyageurs puissent y placer les objets les plus indispensables pour leur commodité personnelle.

PLANCHE 70.

Figure 1, Coupe de l'élévation latérale sur la ligne *a*, *b*. — 2, Coupe de l'élévation latérale sur la ligne *c*, *d*. — 3, Elévation du bâti de la portière et du bâti du vasistas. — 4 et 5, Coupe du battant de la portière. — 6, Traverse ceintrée formant le

devant de la capote. (*Voyez planche* 65, *n°* 1.) —
7 et 8, Assemblage à enfourchement de la partie
droite à la partie courbe.

PETITE MESSAGERIE.

Six planches sous les n°ˢ 71, 72, 73, 74, 75, 76.

PLANCHE 71.

Petite messagerie, contenant dans l'intérieur un
magasin incompressible, servant à placer les malles
des voyageurs. Pour éviter que les malles soient
ouvertes à tous les bureaux de douane, ce même
magasin est plombé au premier bureau, et dé-
plombé au dernier.

N° 1 et 2, Portière du magasin. — 3, 4, 5, Marche-pied servant à monter dans la banquette n° 6.
— 7, 8, 9, Marche-pied servant à monter dans la
banquette n° 10. — 11, Lanterne. — 12 et 13, Mains
servant à monter dans les banquettes. Les voyageurs ne sont placés que dans le coupé et dans la
rotonde; l'intérieur est exclusivement réservé aux
effets et aux marchandises des voyageurs.

PLANCHE 72.

Figure 1, Plan par terre de l'impériale : les
traverses sont ceintrées sur leur élévation, comme
dans la grande messagerie. Toutes les lignes ponctuées, aboutissant aux mortaises de la grande traverse de l'impériale, sont les assemblages.

Figure 2, Coupe principale. Les nᵒˢ 1, 2 et 3, désignent les sièges.

PLANCHE 73.

Figure 1, Plan par terre de la caisse. — 2, Magasin. — 3, Dessus du coffre formant siège. — 4, Siège du derrière de la rotonde, ferré de manière à pouvoir se lever, pour faciliter l'entrée des voyageurs. — 5, Élévation de la portière de la rotonde. — 6, Plan par terre de la portière. — 7, Coupe de la portière sur son élévation. — 8, Profil. — 9 et 10, Coupes des portières du magasin incompressible. — 11, Profil. — 12 et 13, Élévation de ces mêmes portières. — 14, Plan par terre.

PLANCHE 74.

Figure 1, Élévation de la banquette du devant, où se place le postillon. — 2, Plan de la traverse circulaire du haut de la banquette, lettre *a*. — 3, Plan par terre de la banquette et du siège, lettre *b*. Toutes les lignes ponctuées, indiquent les saillies et les assemblages des montants. — 4, Élévation latérale de la banquette. — 5, Élévation de l'acrotère. — 6, Plan par terre. — 7, Élévation latérale de la banquette, figure 1 et de son siège. — 8, Plan par terre du siège. (*Voyez figures 1 et 3, lettre b.*) — 9, Profil de l'encadrement de l'impériale, dessiné sur une plus grande échelle. — 10, Traverse de l'impériale, cintrée sur son élévation. (*Voyez planche 72, fig. 1.*) — 11, Plan par terre. — 12, Profil des baguettes formant le compartiment établi sur la caisse. Ce profil est dessiné sur une plus grande échelle.

PLANCHE 75.

Figure 1, Coupe sur la ligne *c*, *d*. (*Voyez planche* 73, *fig.* 1.) *a*, Profil de la planche du siège du n° 4 de la planche 73, se levant pour laisser entrer les voyageurs ; elle se rabat dans la position *b*; son extrémité décrit la ligne ponctuée circulaire *c*. — 2, Coupe sur la ligne *a*, *b*. (*Voyez planche* 73, *fig.* 1.)

PLANCHE 76.

Élévation d'une petite messagerie composée d'un coupé et d'une rotonde, et n'ayant qu'une banquette sur l'impériale.

PETIT COURRIER.

Quatre planches sous les n°ˢ 77, 78, 79 et 80.

PLANCHE 77.

Figure 1, Élévation principale du petit courrier. — 2, Banquette où est placé le conducteur avec trois voyageurs. — 3, Magasin servant à placer des marchandises. — 4, Impériale servant aussi à placer des marchandises. — 5, Profil d'un cuir servant à les couvrir.

PLANCHE 78.

Figure 1, Plan par terre du train. Les lignes

ponctuées *a*, *b*, *c*, *d*, représentent les proportions du plan par terre de la caisse.

PLANCHE 79.

Figure 1, Élévation latérale sur la ligne *c*, *d* de la planche 78. — 2, Élévation latérale sur la ligne *a*, *b*.

PLANCHE 80.

Figure 1, Coupe sur l'élévation principale. — 2, Profil du siège. — A est le centre de la partie circulaire, cotée 3. — 4, Coupe du magasin. — 5, Profil d'un cuir destiné à couvrir et à renfermer les marchandises. — 6, Plan par terre de la caisse et du magasin. — 7, Plan par terre de l'impériale de la caisse n° 4, de la planche 77. — 8, Plan du brancard garni de sa ferrure *f*. (*Voyez les* lettres *f, planche* 78.)

TILBURY.

Deux planches sous les n°⁵ 81 et 82.

PLANCHE 81.

Figure 1, Élévation d'un Tilbury dont le train est tout en fer. La flèche et le marche-pied font corps avec l'essieu. — 2, Plan par terre. — 3, Palonnier. — 4, Plan par terre de la caisse. — 5, Ressort du derrière auquel est adaptée la caisse. — 6, Élévation latérale sur la ligne *a*, *b*. — 7, Coupe de la caisse et de la galerie en fer du dessus du siège.

PLANCHE 82.

Détails du Tilbury. Figure 1, Plan du train, dont toutes les pièces sont adaptées ensemble. Les numéros 1, 2, 3, et 4, sont les centres des arcs des côtés de la limonière. A, est le centre du grand arc du fond. Les lettres *b* sont les centres des petits arcs qui réunissent le fond avec les côtés. — 2, Prolongements de la limonière jusqu'à l'essieu. — 3, La flèche. — 4, Tracé des courbes n° 2. — 5, Tracé de la flèche. — 6, Palonnier et son tracé. — 7, Palonnier vu de côté. — 8, Garde-crotte. — 9, Coupe du garde-crotte. — 10, Échantignole vue de face. — 11, Élévation latérale du derrière.

TILBURY A DEUX ROUES.

PLANCHE 83.

Ce genre de voiture demande la plus grande légèreté dans sa construction, d'après le service auquel il est employé, tel que courses de médecins, etc.

TILBURY A QUATRE ROUES.

Deux planches sous les n°s 84 et 85.

PLANCHE 84.

Tilbury à quatre roues. Figure 1, Élévation principale. — 2, Garde-crotte. (Les détails à la planche suivante.)

PLANCHE 85.

Figure 1, Plan latéral vu de devant. — 2, Plan latéral vu de derrière. — 3, Élévation du garde-crotte vu en plan. Les lignes ponctuées, marquées *a*, *a*, *a*, *a*, sont des piqûres qui divisent le cuir en compartiments. — 4, Porte-lanternes. Vue en plan des compas. — 6, Vis sortant à volonté pour monter la capote marquée *c* dans la planche 84.

TILBURY A QUATRE RESSORTS,

DONT LA CAPOTE *a* EST BAISSÉE.

Une planche sous le n° 85 *bis*.

CABRIOLET A DEUX ROUES.

Deux planches sous les n°s 86 et 87.

PLANCHE 86.

Figure 1, Cabriolet à deux roues. Ce genre de voitures n'a aucune proportion déterminée. On en fait de plus ou moins grandes, selon la volonté du propriétaire. La ferrure suit toute la longueur du brancard. — 2, Crosse. — 3, Élévation du garde-crotte vu latéralement. (Les détails à la planche suivante.)

PLANCHE 87.

Figure 1. Élévation latérale vue de devant. — 2, Garde-crotte vu sur son élévation principale. — 3, Lanternes. — 4, Marche-pied *a* de la planche

86. — 5, Élévation latérale vue de derrière.
— 6, Crosse vue en plan latéral. (Voir le n° 2 de la
planche précédente.) — 7, Compas vu en plan
latéral.

CABRIOLET AVEC TRAIN A FLÈCHE.

Quatre planches sous les n°ˢ 88, 89, 90 et 91.

PLANCHE 88.

Figure 1, Élévation principale du cabriolet.
— 2, Banquette où est placé le conducteur.
3, — Ferrure adaptée à la caisse pour placer une
malle.

PLANCHE 89.

Figure 1, Plan d'élévation du cabriolet vu de devant. — 2, Garde-crotte vu dans son élévation principale. (*Voyez planche* 88, lettre *a*.) — 3, Élévation
de la banquette. — 4, Élévation latérale vue de
derrière. — 5, Élévation latérale des compas.
(*Voyez planche* 88, lettre *b*.)

PLANCHE 90.

Figure 1, Plan par terre du cabriolet, train à
flèche. Les lignes ponctuées parallèles, marquées
3 et 4, déterminent la longueur des ressorts de derrière, égaux à ceux de devant. — 5, Ressorts de
devant. — 6, Élévation du train vu dans sa partie
latérale.

PLANCHE 91.

Figure 1, Coupe de la caisse du cabriolet, train

à flèche et de sa capote. — 2, Coupe de l'élévation latérale sur la ligne *a*, *b*. Les points de section 1, 2, 3, sont le centre des parties circulaires qui se rapportent aux lignes perpendiculaires *a*, *a*, qui composent la capote. — 3 et 4, Plan par terre de l'intérieur de la caisse.

CABRIOLET

DERRIÈRE LEQUEL ON PEUT PLACER DES MALLES.

Deux planches sous les n⁰ˢ 92 et 93.

PLANCHE 92.

Figure 1, Plan d'élévation. — 2, Place où l'on peut au besoin adapter un siège. — 3, Porte-lanterne. — 4, Élévation latérale du garde-crotte. — 5, Console adaptée sous la caisse. (*Voir la planche suivante.*)

PLANCHE 93.

Figure 1, Élévation latérale vue de devant. — 2, Coffre fermant à clef. — 3, Garde-crotte vu dans son élévation principale. — 4, Porte-lanterne. — 5 et 6, Consoles adaptées sous la caisse. (*Voir planche 92, n° 5.*) — 7, Élévation latérale vue de derrière.

Cette voiture est la seule qui soit dessinée d'après un ancien modèle. L'auteur a cru devoir la joindre à son ouvrage, comme étant d'une belle exécution.

CABRIOLET A QUATRE ROUES

ET A COL DE CYGNE.

PLANCHE 94.

Fig. 1, Plan d'élévation. — 2, Point où est pratiqué le passage de la roue. — 3, Siège dans lequel se trouve pratiqué un coffre. L'ouvrier peut, selon son goût, en varier l'élégance.

WOURCH

A CABRIOLET ET RESSORTS A PINCETTES,

AVEC UN SIÉGE DERRIÈRE.

Deux planches sous les n°ˢ 95 et 96.

PLANCHE 95.

Figure 1, Wourch à cabriolet et ressorts à pincettes, avec un siège derrière. Ce siège, marqué 2, s'approche de la caisse par le moyen de coulisseaux placés dans le coffre. — 3, Palette servant à monter sur le siège de derrière. — 4 et 5, Palettes servant à monter dans l'intérieur du cabriolet. (*Voir la planche suivante.*)

PLANCHE 96.

Figure 1, Élévation latérale vue de derrière. — 2, Chassis en fer du derrière du siège. — 3, Élévation principale du coffre adapté à la caisse. — 4, 5, 6 et 7. Palettes de derrière. — 8, Élévation latérale vue de devant. — 9 et 10, Porte-lanterne. — 11 et 12, Palettes du devant.

WOURCH A PHAÉTON,

A SIÉGES DEVANT ET DERRIÈRE.

PLANCHE 97.

Figure 1, Plan d'élévation. — 2, Siège de devant. — 3, Siège de derrière.

WOURCH

DONT LE MARCHE-PIED EST A MÉCANIQUE ET S'OUVRE AVEC LA PORTIÈRE.

Deux planches sous les nᵒˢ 98 et 99.

PLANCHE 98.

Figure 1, Plan d'élévation. — 2, Marche-pied. — 3, Profil du garde-crotte. — 4, Siège du devant. — 5, Console adaptée à la caisse. (*Voir la planche suivante.*) Les ressorts sont à pincettes. Voir l'explication de la planche 112.

PLANCHE 99.

Figure 1, Élévation latérale vue de devant. — 2, Élévation principale du garde-crotte. — 3 et 4, Consoles soutenant des palettes qui servent à monter sur le siège du devant. — 5, Élévation latérale vue de derrière. — 5 et 6, Élévation latérale des consoles adaptées à la caisse et sur les ressorts à pincettes. (*Voir le n° 5 de la planche précédente, pour leur élévation principale.*)

PHAÉTON A GLACES.

PLANCHE 100.

Figure 1, Phaéton à glaces. — 2, 3 et 4, Palettes pour monter au siège de derrière, dont la construction est la même que celle du siège n° 2 de la planche 95.

WOURCH A SIÉGE DEVANT.

Deux planches sous les n°ˢ 101 et 102.

PLANCHE 101.

Figure 1, Élévation principale. — 2, Porte-verge adapté au garde-crotte. — 3, Profil et élévation du garde-crotte. (*Voir la planche suivante.*)

PLANCHE 102.

Figure 1, Élévation latérale vue de devant. — 2, Élévation principale du garde-crotte. — 3, Intérieur du siège du devant. L'intérieur de ce siège est garni par le sellier dans le même genre que l'intérieur de la caisse. — 4, Élévation latérale vue de derrière. — 5, Essieux à patins coudés. — 6, Avant-train. Ce modèle de train est applicable à la majeure partie des voitures de luxe, c'est pourquoi je n'en fais pas une plus grande démonstration.

Ce genre de voiture est en général , d'une grande élégance, ce qui donne à l'ouvrier une grande facilité de l'embellir plus ou moins, soit dans la ferrure, soit dans la construction de la caisse.

CALÈCHE A HUIT RESSORTS.

Trois planches sous les nᵒˢ 103, 104 et 105.

PLANCHE 103.

Figure 1, Élévation principale d'une calèche à huit ressorts, dont quatre ressorts à pincette posés sur les essieux pour supporter le train; les quatre autres sont des ressorts élancés pour supporter la caisse. Cette calèche, d'une grande élégance, est susceptible de recevoir des ornements en sculpture et armoiries de tout genre.

PLANCHE 104.

Figure 1, Élévation latérale sur la ligne *a, b.* (*Voyez plan par terre du train, planche* 105.) — 2, Élévation latérale sur la ligne *c, d.*

PLANCHE 105.

Figure 1, Plan par terre du train. Cette construction est très élégante.

CHAR-A-BANC

AVEC DES RESSORTS A PINCETTES.

PLANCHE 106.

Figure 2, Banquette à claire-voie. — 3, Garde-crotte.

CHAR-A-BANC A QUATRE PLACES.

Deux planches sous les n°ˢ 107 et 108.

PLANCHE 107.

Char-à-banc à quatre places. Figure 1, Élévation principale. — 2, Banquette à claire-voie. Les ressorts à pincettes. (*Voyez la planche suivante.*)

PLANCHE 108.

Figure 1, Élévation latérale vue de derrière. — 2, Devant d'un coffre fermant à clef, pratiqué dans le derrière de la caisse. — 3, Élévation latérale vue de devant. — 4, Élévation principale du garde-crotte. (*Voyez le n° 3 de la planche 106, pour son élévation latérale.*) — 5, Derrière du siège à claire-voie formé avec des balustres. (*Voyez n° 2, planche 107, pour l'élévation latérale.*)

COUPÉ AVEC SIÉGES DEVANT ET DERRIÈRE.

Trois planches sous les n°ˢ 109, 110 et 111.

PLANCHE 109.

Figure 1, Élévation principale du coupé. — 2, Siège de devant. — 3, Siège de derrière.

Les roues sont dessinées derrière le plan d'élévation, pour laisser paraître toutes les pièces.

On peut peindre des armoiries sur la caisse.

PLANCHE 110.

Figure 1, Plan par terre du train vu en dessus. Les lignes ponctuées désignent les proportions de la caisse. La figure 3 est le plan du siège. La figure 2 est le plan par terre du train vu en dessous. La figure 4 est le plan par terre du siège.

Toutes les proportions du train sont les mêmes que dans les trains précédents.

PLANCHE 111.

Figure 1, Coupe sur l'élévation principale. Tous les points marqués par des numéros, où les lignes ponctuées se rencontrent, sont les centres des parties circulaires des courbes. — 2, Coupe sur l'élévation du siège du devant. Les n°s 1 et 2 sont les centres des parties cintrées de la coquille. — 4, Centre de la partie courbe du pied cornier, n° 3. — 5, Centre de la partie circulaire du dessous du siège. Les n°s 1, 2 et 3 sont les centres des courbes de la traverse du bas de la caisse. L'ouvrier intelligent trouvera facilement les centres des autres parties circulaires de cette figure, chaque centre étant toujours le point de rencontre de deux lignes ponctuées. — 4, Traverse détachée du corps de la caisse. —5, Plan par terre de cette traverse. Les lignes ponctuées *a*, *b*, *c*, aboutissent aux assemblages vus en plan. — 6, Coupe du siège de derrière. — 7, Siège. Chacun de ces sièges contient dans son intérieur un coffre disposé comme aux planches précédentes, qui traitent du même sujet. — 9, Élévation du train vu devant et derrière.

PLANCHE 112.

Figure 1, Coupe sur l'élévation principale du wourch. (*Voyez planche* 98.) — 2, Plan par terre de la caisse et du siège à figure 1 et 6 qui désigne le coffre pratiqué dans l'intérieur. — 3, Assemblage à trait de Jupiter pour la jonction des courbes dont chacune ont trois centres; cette jonction se fait dans la partie circulaire où le point de section est indiqué par le n° 1. — 4 et 5, Les deux pièces désassemblées prêtes à recevoir la clef *d*. — 6, Portion des parties de la traverse du bas et leur modèle de renture à sifflet pour la jonction des courbes dont les points de section sont indiqués par les n°s 2 et 3. (*Voyez fig.* 1.) Pour la renture, (*Voyez les n°s* 1 *et* 2 *de la fig.* 6).

DÉTAIL DES PLANS

DE L'ARÇONNIER, BOURRELIER

ET SELLIER.

Introduction.

Le bourrelier et le sellier étant en rapport continuel de travail avec le charron et le carrossier, l'auteur a cru devoir joindre à son ouvrage, comme y faisant naturellement suite, ce qui concerne ces deux parties.

Les principaux matériaux employés pour le bourrelier, sont les peaux et les cuirs. Après les cuirs viennent les bourres pour matelasser les pièces que confectionne cet ouvrier : La paille de seigle, la bourre de bœuf, celle de veau et de mouton, sont employées à cet usage.

Les bois du bourrelier sont les bases des bâts et les ornements des colliers des chevaux, ornements que l'on nomme attelles. (*Voyez planche* 113, *fig.* 3.) Elles sont en bois de hêtre et se fabriquent dans les ventes ; elles sont de sciage ou de fente. Les selles et seliettes de limon sont faites du même bois que l'on regarde comme le plus favorable à la confection de ces sortes d'ouvrages.

Les parties des harnais destinées à la tête et au cou du cheval, sont le licou et le collier : le licou est composé de la tétière, de la muselière, des deux jouières, d'une longe et d'un anneau de fer.

La bride, qui est la première partie de l'équipement d'un cheval, se compose de la tétière, du frontail, des montants, des aboutoirs, du cachenez, du sous-gorge, du mors et des rênes.

Les harnais du derrière du cheval sont : La celle ou sellette du limon, la sous-ventrière, la dossière, l'avaloire, la croupière, la chaîne et la bascule.

Beaucoup d'ouvriers prétendent que le bourrelier n'a, en aucun cas, besoin du tracé géométrique ; mais cette précision, toujours désirable, est indispensable au travail de la sellerie, qui n'est pas séparée de la bourrellerie : L'emploi du compas abrège le temps, évite les tâtonnements et les erreurs, et donne aux tracés la précision et la régularité convenables. L'auteur recommande donc à l'ouvrier de se servir du mètre et du compas, pour la bonne confection de ses ouvrages.

PLANCHE 113.

Nº 1, Élévation d'un collier vu par derrière. — 2, Élévation du même collier vu par devant. — 3, Attelle adaptée au collier, lorsqu'il est achevé. — 4, Ferrure de l'attelle. — 5, Élévation du collier garni de tous ses accessoires. — 6, Collier à la française garni de ses attelles. — 7, Attelle du collier à la française. — 8, Harnachement du cheval du devant : *a*, Bride; *b*, Collier; *c*, Trait; *d*, Couverte; *e*, Croupière adaptée à la couverte *d* par une courroie attenante au collier *b*; *f*, Surdos, ainsi nommé parce qu'il passe sur le milieu du dos, par-dessus la couverte; il est destiné à soutenir les deux fourreaux *g*, et les traits auxquels on l'attache. — 10, Élévation latérale de la bride : *a*, Montant; *b*, Frontal; *c*, Sous-gorge, *d*, OEillière; *e*, Rêne.

PLANCHE 114.

Nº 1, Dossière. (*Voyez planche* 117, lettre *a*.) — 2, Dossière vue de côté. — 3, Petite dossière. — 4, La même vue de côté. — 5, Croupière. (*Voyez planche* 113, nº 8, lettre *e*.) — 6, Croupière vue de côté. — 7, Longe garnie de son anneau de fer. — 8, Sous-ventrière. (*Voyez planche* 117, *fig.* 1, lettre *f*.) — 9, Sous-ventrière vue de côté. — 10, Trait. — 11, Fourreau qui soutient le trait. — 12, Coupe du fourreau.

PLANCHE 115.

N° 1, Élévation latérale d'une selle de limon.
— 2, Élévation principale d'une selle de limon
non garnie. — 3, Élévation de la selle de limon
munie de toutes ses garnitures. — 4, Bât garni de
tous ses accessoires. — 5, Panneau de rivier, il est
construit en basanne, un peu plus étroit devant
que derrière; il a 23 à 33 centimètres de longueur,
il a beaucoup de rapport avec la sellette de limon.
— 6, Plan par terre de la selle de limon n° 3.
— 7, Avaloire. (*Voyez planche* 117, *n°* 1, lettre *d*.)
— 8, Aboutoir brodé. — 9, Ferrure posée au faîte
de la selle de limon. (*Voyez n°* 6, lettre *a*.) — 10,
Élévation de la ferrure. — 11, Empatement servant à consolider la ferrure au derrière de la selle.

PLANCHE 116.

N° 1, Reculement garni de toutes ses pièces.
— 2, Plan par terre de l'avaloire. (*Voyez planche*
115, *n°* 7.) — 3, Plan par terre du reculement.
— 4, Broderie à bâtons rompus. — 5, Élévation
latérale de l'avaloire sur la ligne *a*, *b*. (*Voyez planche* 115, *fig*. 77.) — 6, Broderie à doubles bâtons
rompus.

PLANCHE 117.

N° 1, Garniture générale du cheval de limon.
— 2, Élévation latérale du bât français. — 3, Élévation principale du bât français. — 4, Élévation
latérale d'une selle de carriole sur la ligne *a*, *b*.

— 5, Élévation latérale sur la ligne *c*, *d*. — 6, Élévation principale de la sellette de carriole. — 7, Plan par terre de la sellette non garnie. — 8, Élévation principale d'une sellette à batine non garnie. — 9, Plan par terre de la sellette à batine. — 10, Élévation latérale du bât français sur la ligne *a*, *b*.

PLANCHE 118.

N° 1, Élévation latérale sur la ligne *a*, *b*, d'une sellette de carriole toute garnie. — 2, Élévation latérale sur la ligne *c*, *d*. — 3, Élévation principale de la sellette garnie. — 4, Élévation d'une bride à œillère carrée. — 5, Élévation latérale de la bride à œillère. — 6, Courroie de reculement. (*Voyez planche* 116, *n*° 1, lettre *a*.) — 7, Courroie de reculement vue de côté. — 8, Chaine d'avaloire. (*Voyez planche* 117, *n*° 1, lettre *c*.) — 9, Prenant. — 10, Prenant vu de côté. — 11, Licou simple. — 12, Licou double.

L'ART DE LA SELLERIE.

On sait que la confection d'une voiture de luxe, telle qu'un carosse, une calèche, etc., exige un grand concours d'ouvriers de tout genre. Il faut employer le charron pour le train, le menuisier-carossier pour le bois de la caisse; le ferreur pour les ressorts et les ferrures des roues; le bourrelier pour les cuirs et courroies; le sellier-carossier pour rembourer et tapisser l'intérieur de la caisse; le peintre pour peindre et vernir l'extérieur ainsi que le train; le passementier pour les glands, les houppes, les franges et les galons qui servent de bordure et d'ornement.

Ces différentes industries doivent nécessairement avoir un centre commun; ce centre se trouve, soit chez l'entrepeneur de voitures, soit chez le sellier-carossier, qui détermine les formes, les couleurs et les ornements, et qui dirige tous les ouvriers dont j'ai fait mention vers un but commun.

Les matériaux du sellier qui veut exercer son art avec goût, sont nombreux et souvent d'un prix très élevé. Comme garnisseur de voitures, il doit avoir de la bourre, du crin, de la toile, du velours,

du maroquin, des draps, des étoffes de soie et
toute autre étoffe dont on revêt intérieurement les
caisses. Il lui faut aussi du galon, des cordons,
des rideaux, etc.

Comme constructeur de brides et de selles, il
doit être pourvu de cuir clair, de cuir ordinaire,
de cuir vernis, de cuir franc; de mors anglais et
français; de frontails en laine, en cuivre ou en
métal argenté et ciselé; de chainettes en cuivre ou
en plaqué d'argent, d'ornements de brides ou de
chiffres en argent, de clefs et crochets assortis pour
selles et sellettes, et de quantités d'autres objets, la
plupart d'un prix élevé.

L'arçonnier doit avoir de bon bois de hêtre, de
la toile tant neuve que vieille, de la colle forte de
qualité supérieure, des nerfs de bœufs, des sangles
et des clous.

L'arçon est la base de la charpente de la selle; il
est toujours en bois de hêtre et présente un bâti de
plusieurs pièces assemblées en forme de compas
ouvert, ou d'arc tendu. L'arçon du devant est at-
taché à celui de derrière par deux planches minces
du même bois, qui se nomment bandes. Tout arçon doit être solide, léger, bien uni et parfaitement
en rapport avec sa destination.

On trouvera dans les planches suivantes le tracé
géométrique de plusieurs arçons.

PLANCHE 119.

Figure 1, Arçon de la selle rase, sur son élévation principale, Longueur d'une pointe à l'autre sur la ligne *a*, *b*, 43 centimètres. Hauteur de la ligne *a*, *c*, 14 centimètres. Longueur de la ligne *b*, *d*, 7 centimètres. Longueur de *e*, *d*, 17 centimètres.

Figure 5, Élévation latérale de cet arçon vu devant. Ouverture supérieure *a*, 13 centimètres. Ouverture inférieure *b*, *c*, 40 centimètres.

Figure 4, Élévation latérale du même arçon, vu derrière. Ouverture supérieure prise sur sa hauteur *a*, 13 centimètres. Ouverture inférieure *b*, *c*, 41 centimètres.

Figure 2, Plan par terre de l'arçon. Largeur supérieure sur la ligne *a*, *b*, 32 centimètres. Largeur inférieure sur la ligne *c*, *d*, 19 centimètres. Hauteur sur la ligne *e*, *b*, 34 centimètres.

Figure 3, Plan vu dessus. Largeur sur la ligne *a*, *b*, 16 centimètres; sur la ligne *c*, *d*, 10 centimètres.

Figure 6, Arçon de la selle anglaise. Longueur de *a*, *b*, 39 centimètres.

Figure 7, Plan par terre de la selle anglaise. Largeur sur la ligne *a*, *b*, 30 centimètres; sur la ligne *c*, *d*, 18 centimètres.

Figure 8, Largeur d'intérieur prise sur la ligne *a*, *b*, 12 centimètres; sur la ligne *c*, *d*, 11 centimètres.

Figure 9, Plan latéral de la même selle vue devant. Ouverture sur la ligne *a*, *b*, 50 centimètres. Hauteur sur la ligne *c*, *d*, 48 centimètres.

Figure 10, Plan latéral vu de derrière. Largeur sur la ligne *a*, *b*, 32 centimètres. Hauteur sur la ligne *c*, *d*, 12 centimètres.

Figure 11, Arçon de la selle à palette.

Figure 12, Arçon hongrois. Largeur sur la ligne *a*, *b*, 58 centimètres. Hauteur sur la ligne *c*, *d*, 44 centimètres.

PLANCHE 120.

Figure 1, Arçon de la selle de dame.

Figure 6, Élévation latérale sur la ligne *a*, *b*. Largeur sur la ligne *e*, *f*, 44 centimètres.

Figure 7, Élévation latérale sur la ligne *c*, *d*. Largeur sur la ligne *g*. *h*, 14 centimètres.

Figure 2, Plan par terre de la selle de dame. Largeur sur la ligne *i*, *j*, 33 centimètres; sur la ligne *k*, *l*, 20 centimètres.

Figure 3, Plan vu dessus. Largeur intérieure sur la ligne *m*, *n*, 12 centimètres; sur la ligne *o*, *p*, 10 centimètres.

Les arçons les plus composés sont de 11 pièces. L'arçon antérieur est formé de quatre pièces, savoir : Les deux pointes du devant, n° 1, fig. 8, et les deux lièges, n° 2. L'arçon postérieur est de cinq pièces, savoir : N° 3, Les deux pointes de derrière. — 4, Les deux pointets. — 5, 6 et 7, Le Troussequin.

Les deux bandes (*fig.* 4 *et* 5) assemblent les deux arçons. Ces bandes varient dans leurs dimensions suivant la forme et la grandeur des selles, qui, au lieu de onze pièces, peuvent n'en avoir que neuf et même sept. Les deux pointes du devant reçoivent des noms différents, à mesure que leurs formes changent.

PLANCHE 121.

Figure 1, 3, 4, 7 et 8, Diverses formes intérieures de colliers anglais. — 2, Collier à la russe. — 5, Collier très fort de mamelle. — 6, Faux collier.

PLANCHE 122.

Figure 1, Sellette anglaise. — 2, Sellette avec crochet à couronne. — 3, Sellette fine. — 4, Grande sellette. — 5, Sellette pour harnais de cabriolet, avec dossier. — 6, Traits noirs.

PLANCHE 123.

Figure 1 et 2, Traits de tilburys. — 3, Trait de tilbury à chaîne. — 4, Croupière et barre de fesses à fourche. — 5, Croupière et barre de fesses simple. — 6 et 7, Avaloires et courroies de reculement — 8, Martingale. — 9 et 10, Bracelets en fer. — 11, Brasselet de dossière avec le brasselet de sous-ventrière. — 12, Culeron.

PLANCHE 124.

Figure 1 et 2, Panades de bride. — 3 et 4, Martingales diversées. — 5, Dessus de tête avec courroie d'œillère. — 7, Barres de fesses. — 8, Rêne de bride de harnais. — 9, Courroie de reculement, son anneau et son boucleton. — 12 et 15, Bracelets de sous-ventrière. — 13, Devant de muserolle. — 14, Sous-ventrière — 16, Dossier et ses deux ronds.

BRIDE DÉMONTÉE DE HARNAIS DE CABRIOLET.

PLANCHE 125.

Figure 1, Mors de filet. — 2, Cocarde. — 3, Dessus de tête. — 4, Frontail. — 5, Sous-gorge. — 6, OEillère. — 7, Sous-barbe. — 8, Mors à banquette détachée. — 9, Grand côté de rêne. — 10, Petit côté de rêne. — 11, Courant à remont de martingale. — 12, Martingale ronde à doubles branches. — 13, Bride montée pour harnais de cabriolet. — 14 15, OEillères de différents modèles.

PLANCHE 126.

Figure 1, Licou d'écurie. — 2, Bridon d'écurie. — 3, Caveçon de pansement. — 4, Bride ordinaire à l'anglaise. — 5, Étrier à la française. — 6, Petite sangle à la française. — 7, Double sangle à la française.

PLANCHE 127.

Figure 1, Bride et filet à l'anglaise, montée d'une pièce. — 2, Martingale. — 3, Filet à la française fait de cuir ou de galon. — 4, Bride française sans son filet. — 5, Surfaix anglais.

PLANCHE 128.

Figure 1, Harnais de cabriolet tout monté. — 2, Croupière ordinaire à fourche. — 3, Licou d'écurie.

PLANCHE 129.

Figure 1, Selle à simples palettes, à quartier de chasse orné de piqûres. — 2, Selle à palettes, à quartier de chasse uni, tapis à pointes. (*Voyez pour l'arçon, la fig.* 11 *de la planche* 119.) — 3, Selle à l'anglaise unie. (*Voyez pour l'arçon, la fig.* 6 *de la planche* 119.) — 4, Selle américaine. — 5, Selle rase en veau. (*Voyez pour l'arçon, la fig.* 1 *de la planche* 119.) — 6, Selle française.

DÉTAIL DES MESURES DES DIFFÉRENTS HARNAIS

COMPOSANT LES DIVERS ATTELAGES.

DES LICOUS ET CAVEÇONS.

Indépendamment de l'élégance des courroies de la bride, comparée à la simplicité des licous, la principale différence entre ces deux parties du harnais, c'est que les brides font agir un mors, tandis que les licous sont dépourvus de cette importante partie.

LICOU SIMPLE.

Il est formé d'une têtière, longue de 33 centimètres; de deux montants, longs de 24 centimètres et d'un dessus de nez, long de 16 centimètres.

LICOU D'ÉCURIE A SOUS-GORGE.

Il est en cuir de Hongrie; les parties en sont plus compliquées que celles du précédent.

Le dessus de tête porte la sous-gorge longue de 93 centimètres; cette sous-gorge est soutenue par une boucle allongée en cuir, longue de 11 centimètres. Cette même boucle soutient le frontail, dont la longueur est de 27 centimètres. Contre-sanglon long de 24 centimètres. Courroie de dessus de tête formant le montant, long de 81 centimètres. Le dessus de nez, fort large devant et plus étroit derrière ; sa longueur antérieure est de 38 centimètres et sa longueur postérieure de 13 centimètres.

CAVECINE POUR PANSEMENT.

Tétière ou dessus de tête, longueur 86 centimètres. Montant, 33 centimètres, largeur 3 centimètres. Sous-gorge, longueur 44 centimètres. Courroie se bouclant au contre-sanglon de la sous-gorge, longueur 31 centimètres. Dessus de nez, longueur 41 centimètres. Cordon de cuir, longueur 17 centimètres.

BRIDE A LA FRANÇAISE.

Tétière, longueur 59 centimètres. Frontail, longueur 33 centimètres. Sous-gorge, 49 centimètres. Muserolle ou dessous de nez, longueur devant et derrière 39 centimètres, largeur pour le contre-sanglon 2 centimètres. Montant, largeur 2 centimètres, hauteur 28 centimètres. Porte-mors, hauteur de rênes 28 centimètres. Deux rênes, largeur 2 centimètres ; longueur de chacune, 1 mètre 32 centimètres. Montant de filet, longueur 28 centi-

mètres; l'autre montant formant tétière, longueur
86 centimètres. Dessous du frontail, 28 centimètres. Deux montants et rène de filet d'une seule
courroie, longueur 2 mètres 28 centimètres. Courroie de martingale, longueur 1 mètre 66 centimètres, largeur 12 centimètres.

BRIDES A L'ANGLAISE.

Elles sont d'un usage plus fréquent et plus dis-
tingué que les précédentes. Voici la coupe de ces
brides :

Dessus de tète avec sous-gorge, 1 mètre 5 centimètres. Le même, sans sous-gorge, 71 centimètres. Sous-gorge sans dessus de tète, 60 centimètres. Grand montant du filet, 82 centimètres.
Petit montant, 30 centimètres. Montant de brides,
28 centimètres. Frontail, 44 centimètres. Enchap-
pure du frontail, 18 centimètres. Grande rène du
filet, 1 mètre 10 centimètres. Petite rène de bride,
1 mètre 16 centimètres. Porte-mors, 20 centimètres.

BRIDE DE VOITURE.

Elle diffère essentiellement de la bride de selle,
pour ses œillères, placées aux sommets des montants, pour garantir les yeux du cheval, par l'ab-
sence du filet et par le luxe de ses ornements. Voici
les proportions exactes de cette bride :

Dessus de tète, longueur 63 centimètres, présentant à ces fourches 19 centimètres de longueur. Frontail, longueur, 3o centimètres. Montants de panurge, longueur de chacun, 3o centimètres. Derrière de muserolle, longueur 19 centimètres. Croisière, 44 centimètres; hauteur du montant muni de sa fourche, 14 centimètres. Montant de bride, 3o centimètres. OEillères, 15 centimètres de hauteur et 15 de largeur. Elles sont de différentes formes et portent au centre le chiffre ou les armes de l'acheteur. Muserolle : elle est ornée de dessins à jour; largeur 6 centimètres; longueur 66 centimètres. Porte-mors, longueur 47 centimètres. Sous-gorge, largeur 3 centimètres, longueur 49 centimètres.

HARNAIS DE CABRIOLET.

On donne le nom commun de harnais de cabriolet à ceux des cabriolets, des tilburys, etc.

BRIDE.

Deux montants, 3o centimètres. Deux porte-mors, 36 centimètres. Une têtière, 6o centimètres. Une croisière, 25 centimètres. Une muserolle, 66 centimètres. Une sous-gorge, 5o centimètres. Une sous-barbe, 3o centimètres. Porte-mors de rêne, 14 centimètres. Une paire de rênes, 6o centimètres. Entre-deux de rênes, 1 mètre 48 centimètres. Une paire d'œillères, 20 centimètres carrés.

Une paire de doublure, une martingale, ensemble
1 mètre 48 centimètres; les mêmes avec une longe
1 mètre 81 centimètres.

TRAITS.

Deux boucletaux de trait, 3o centimètres. Deux
blanchets, 3o centimètres. Deux courroies de collier, 6o centimètres. Cuir pour envelopper les attelles, 6o centimètres. Une paire de traits, 1 mètre
72 centimètres.

Une dossière, 1 mètre. Deux bracelets, 77 centimètres. Deux ronds de dossière, 28 centimètres.
Une sangle, 63 centimètres. Un coulant pour
sangle, 66 centimètres. Deux contre-sanglons de
sellette, 33 centimètres.

GUIDES.

Deux paires de guides noires, 2 mètres; les mêmes, jaunes, 2 mètres. Quatre porte-mors pour les
guides, 14 centimètres.

Les guides pour harnais ordinaires ont : les grandes, 27 millimètres, et les petites, 18 millimètres.
Dans les harnais élégants, on donne aux unes et
aux autres 2 millimètres de moins.

CONTRE-SANGLON DE CROUPIÈRE.

Une croupière avec son blanchet. 63 centimètres.
Blanchet, 48 centimètres. Un contre-sanglon de

croupière, 1 mètre 8 centimètres. Barres de fesses simples, 48 centimètres; les mêmes, doubles, 1 mètre 16 centimètres. Un derrière de reculement avec son blanchet, 1 mètre. Deux contre-sanglons de reculement sans blanchet, 3 mètres 16 centimètres. Deux petits boucletaux de reculement, 17 centimètres. Deux courroies de reculement, 1 mètre 16 centimètres.

Dans tout harnais bien établi, le contre-sanglon de croupière est doublé; cette doublure est moins pour obtenir de la solidité que pour le bon effet de la piqûre. Ce contre-sanglon est toujours de la même largeur que les barres; on le double quelquefois sans doubler les barres, ni le contre-sanglon de reculement.

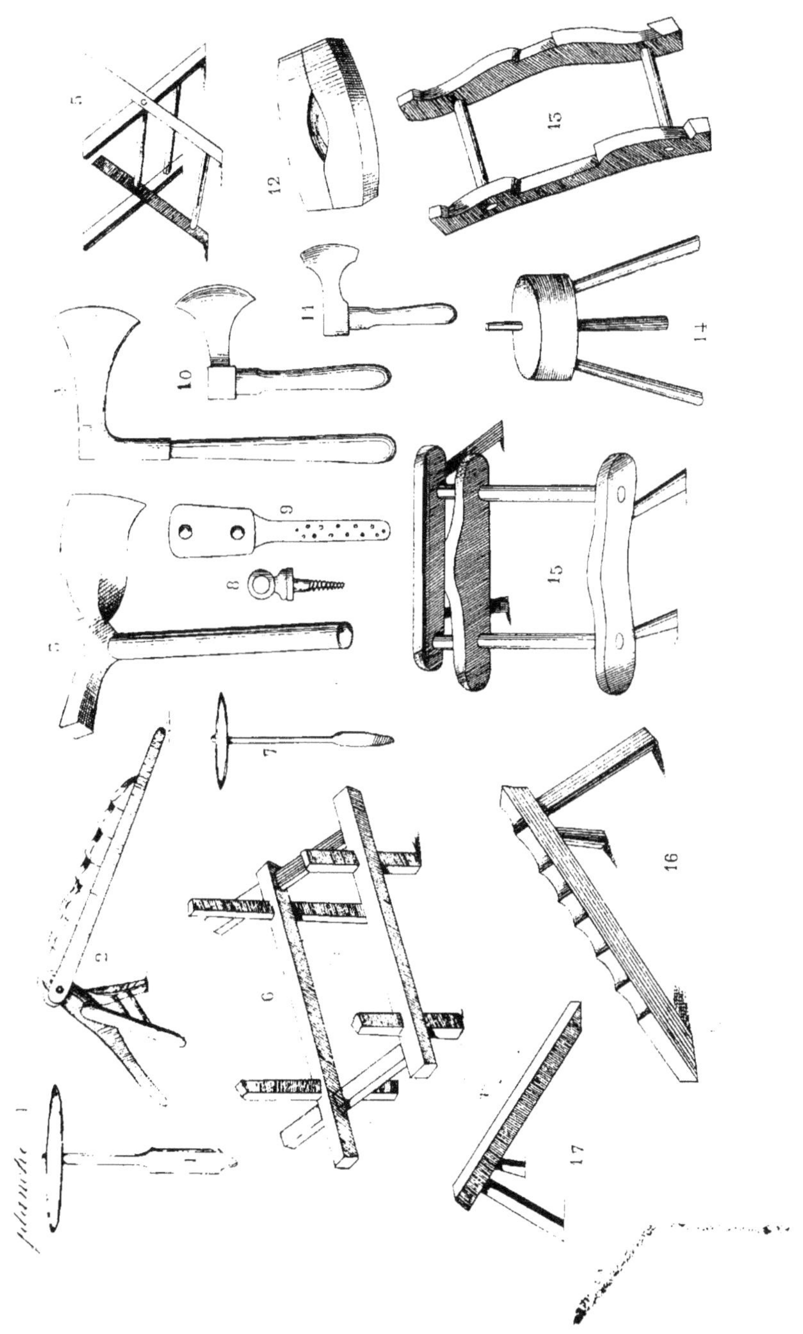

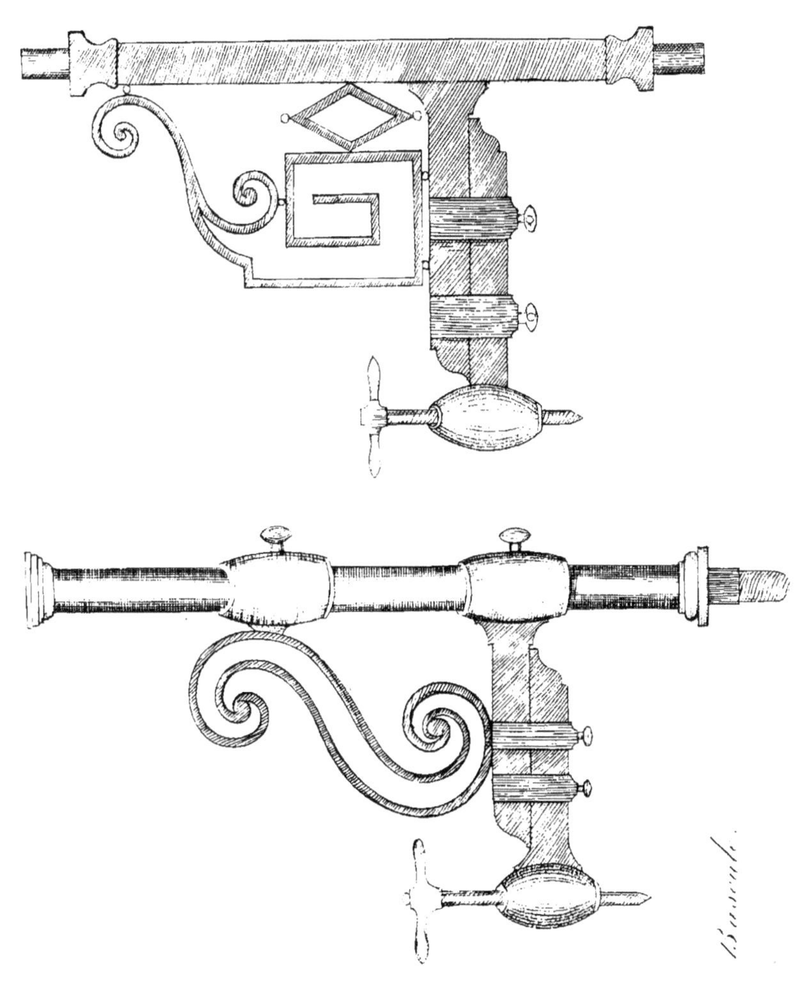

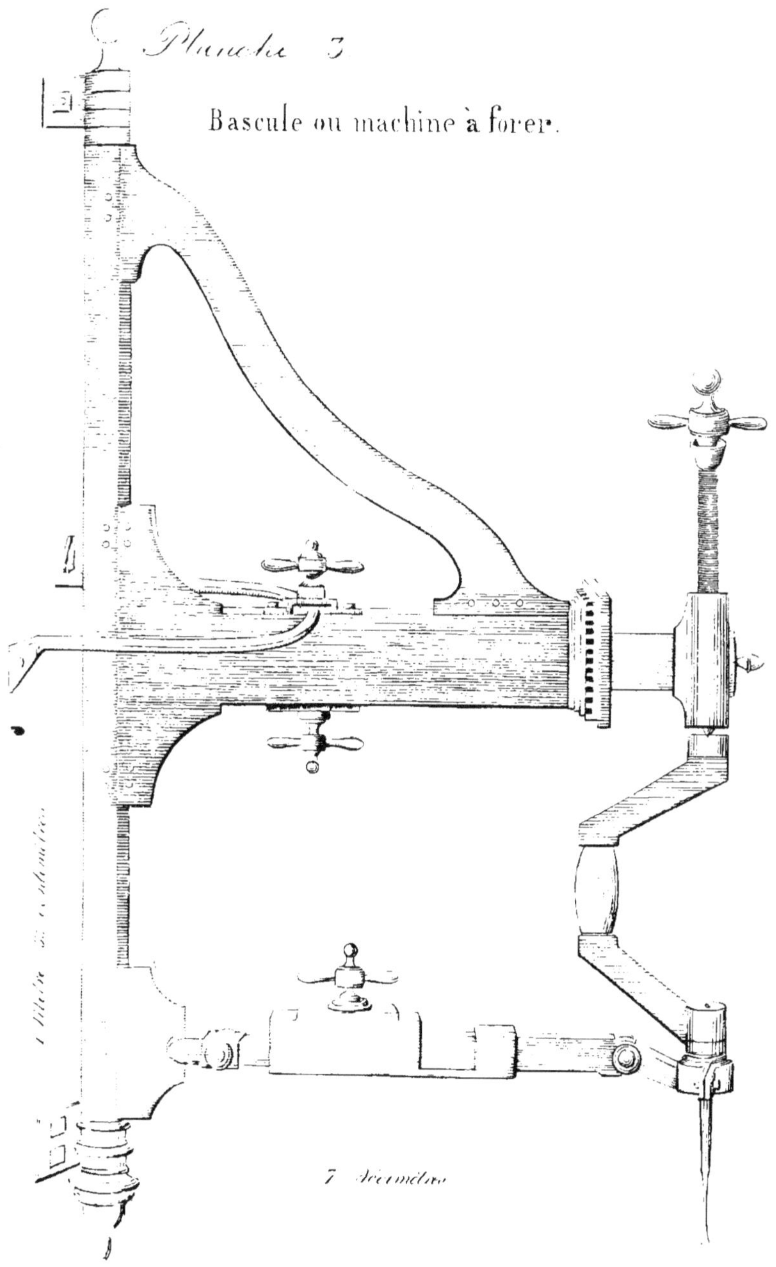

Bascule ou machine à forer.

Planche 4.
FILIÈRE DOUBLE.
1   2   3   4   5   6 décimètres   7

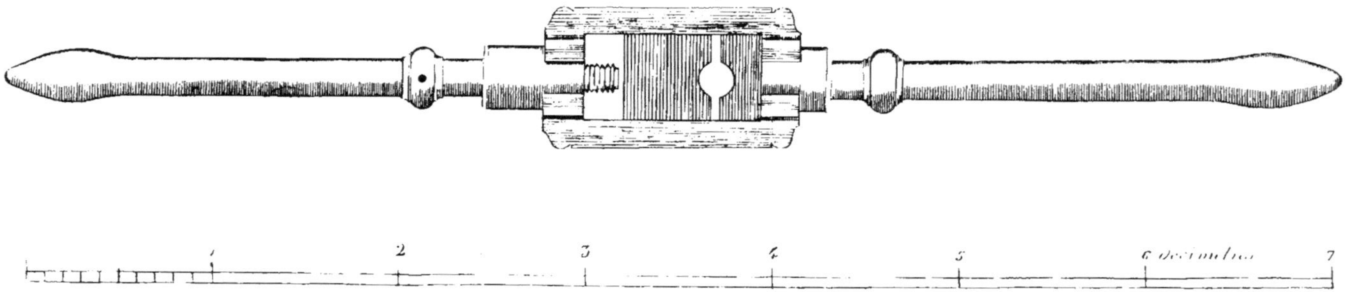

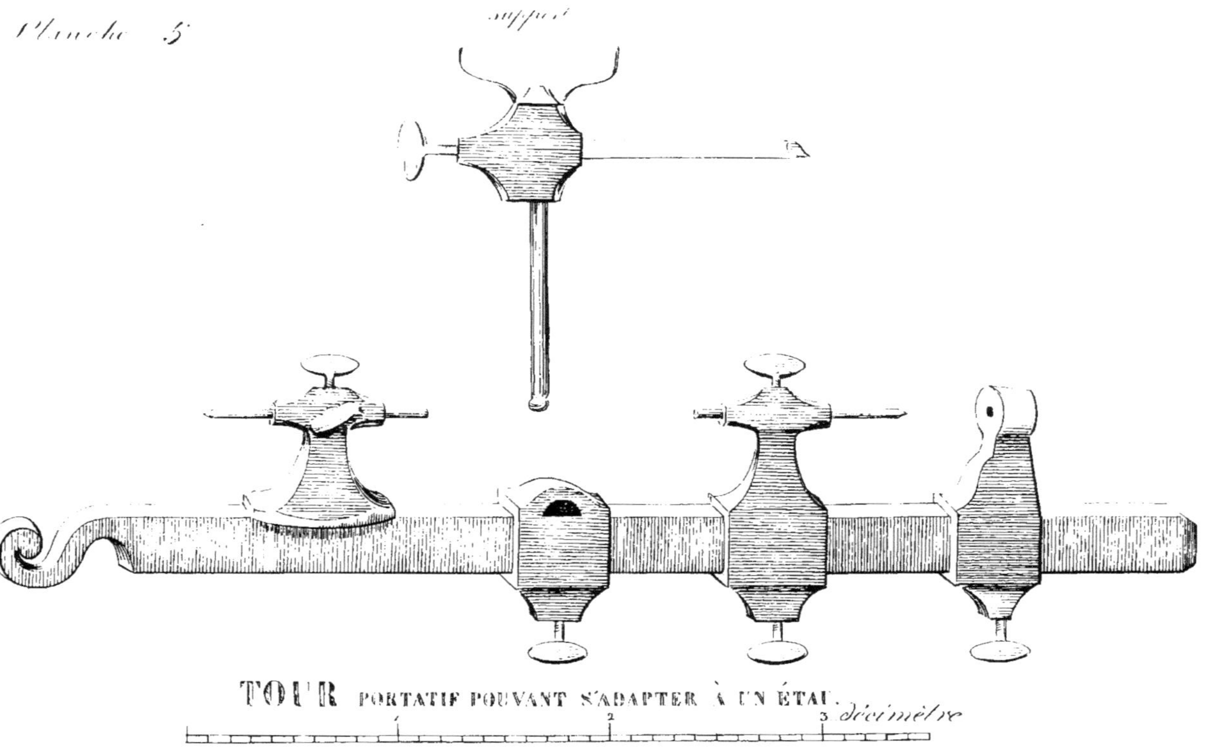

Planche 5
support
TOUR PORTATIF POUVANT S'ADAPTER À UN ÉTAU.
1
2
3 décimètre

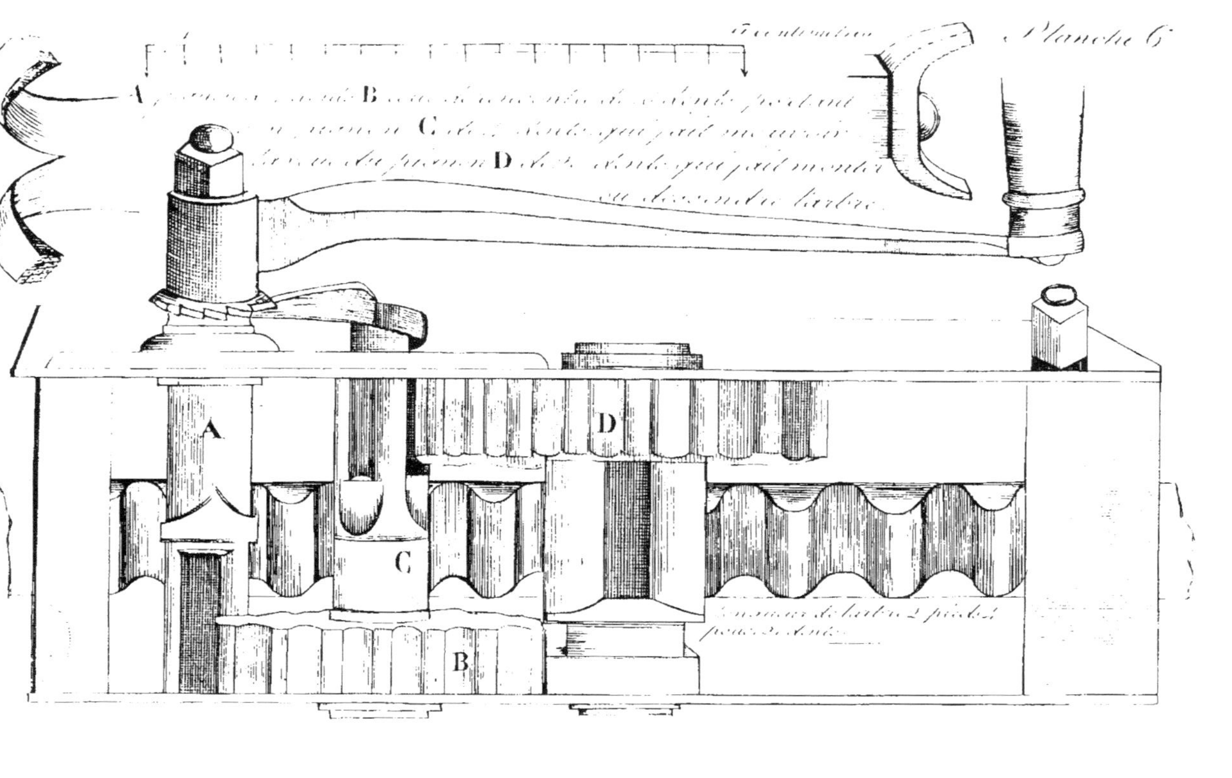

Planche 6
A
B
C
D

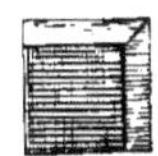
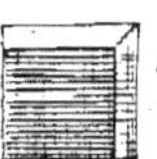
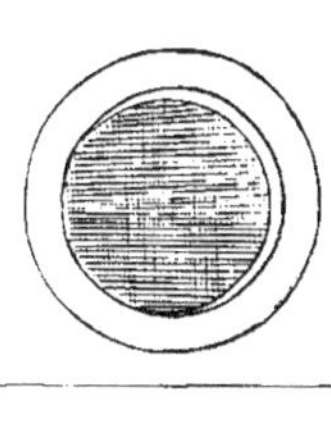
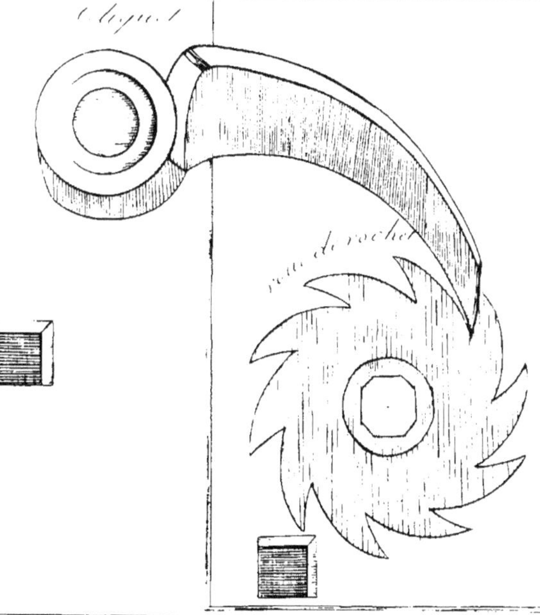

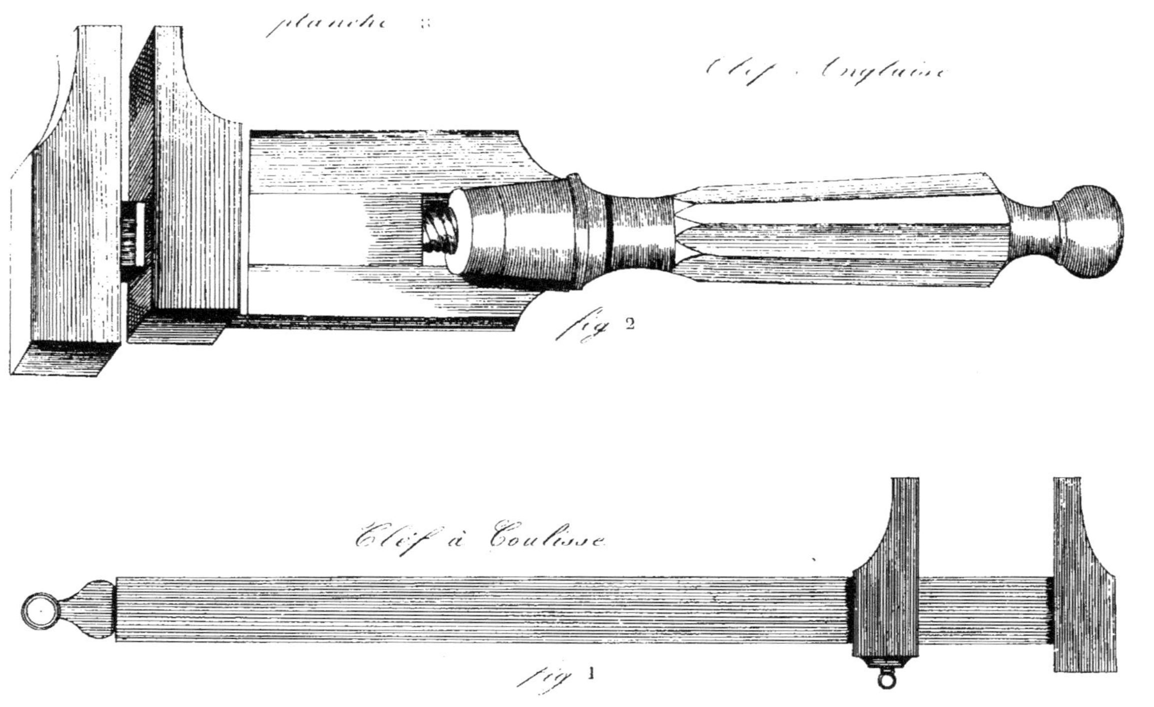

planche 3
Clef Anglaise
fig 2
Clef à Coulisse
fig 1

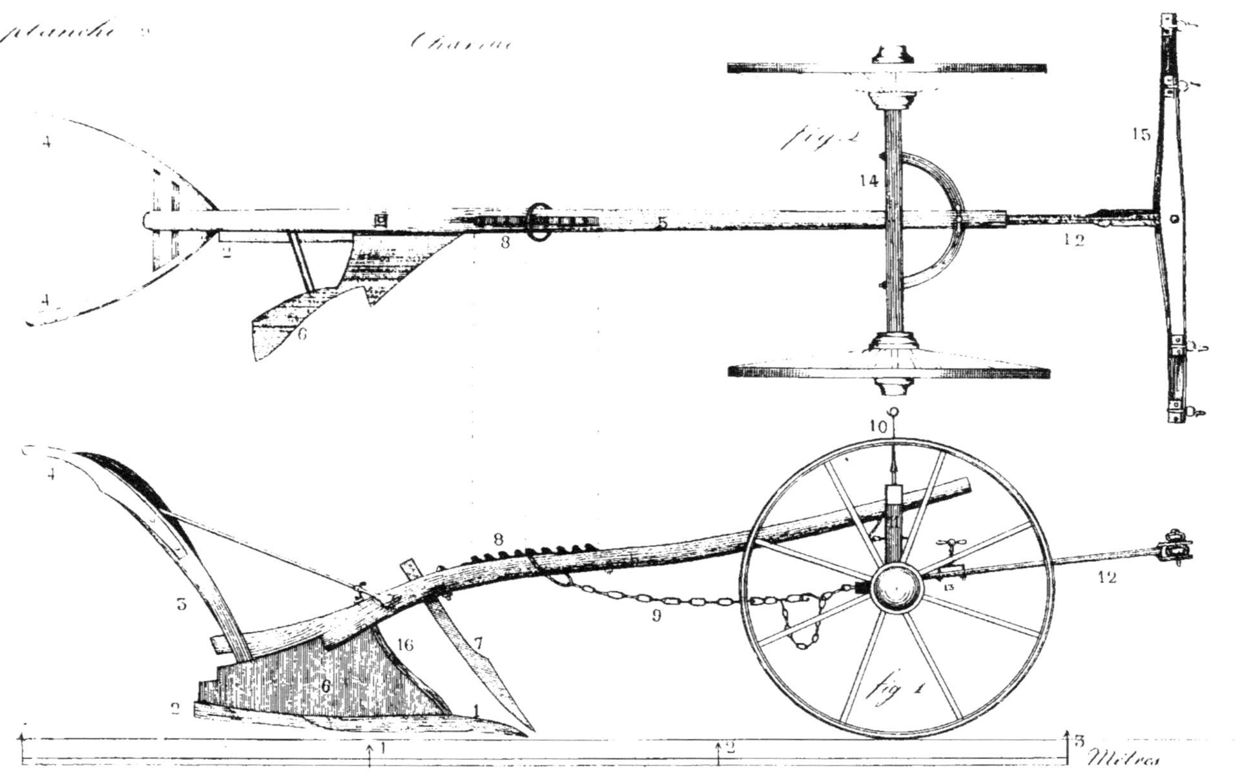

planche
Charrue
fig. 2
fig. 1
Mètres
15
14
12
5
8
4
6
10
13
9
3
16
7
1
2

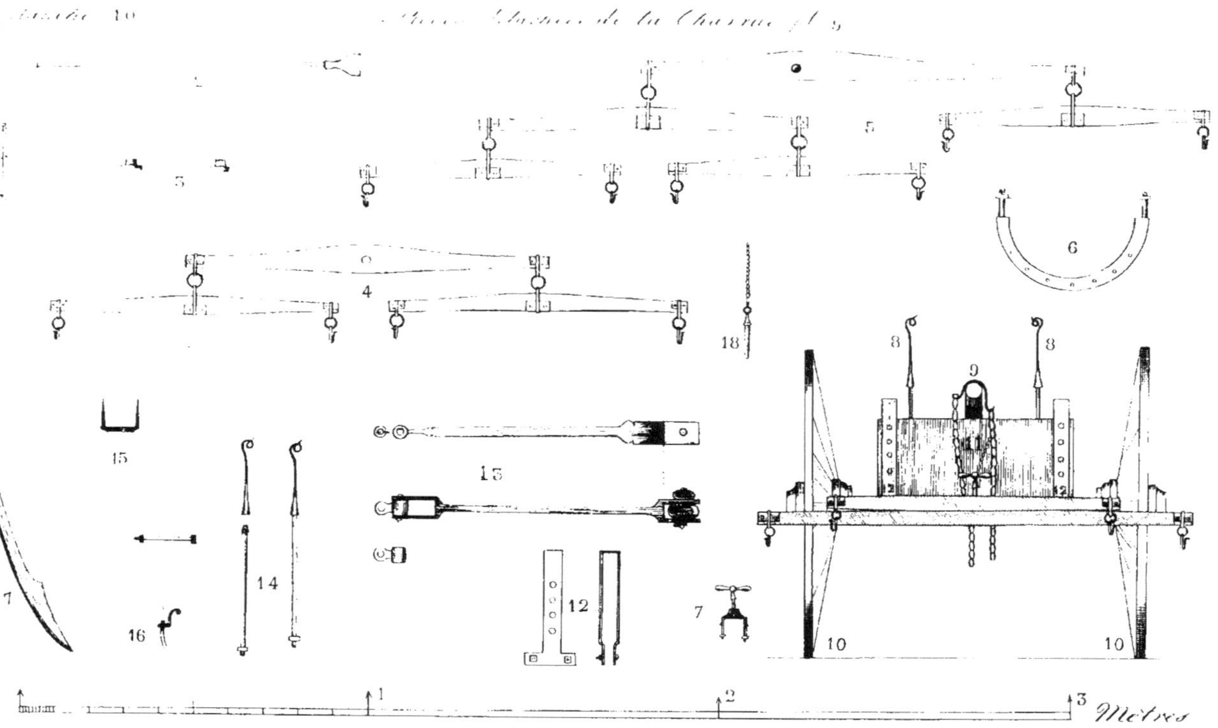

Planche 10
Chassis de la Charrue Pl. 9
1 2 3 Mètres
4
5
6
7
8 8
9
10 10
12
13
14
15
16
17
18

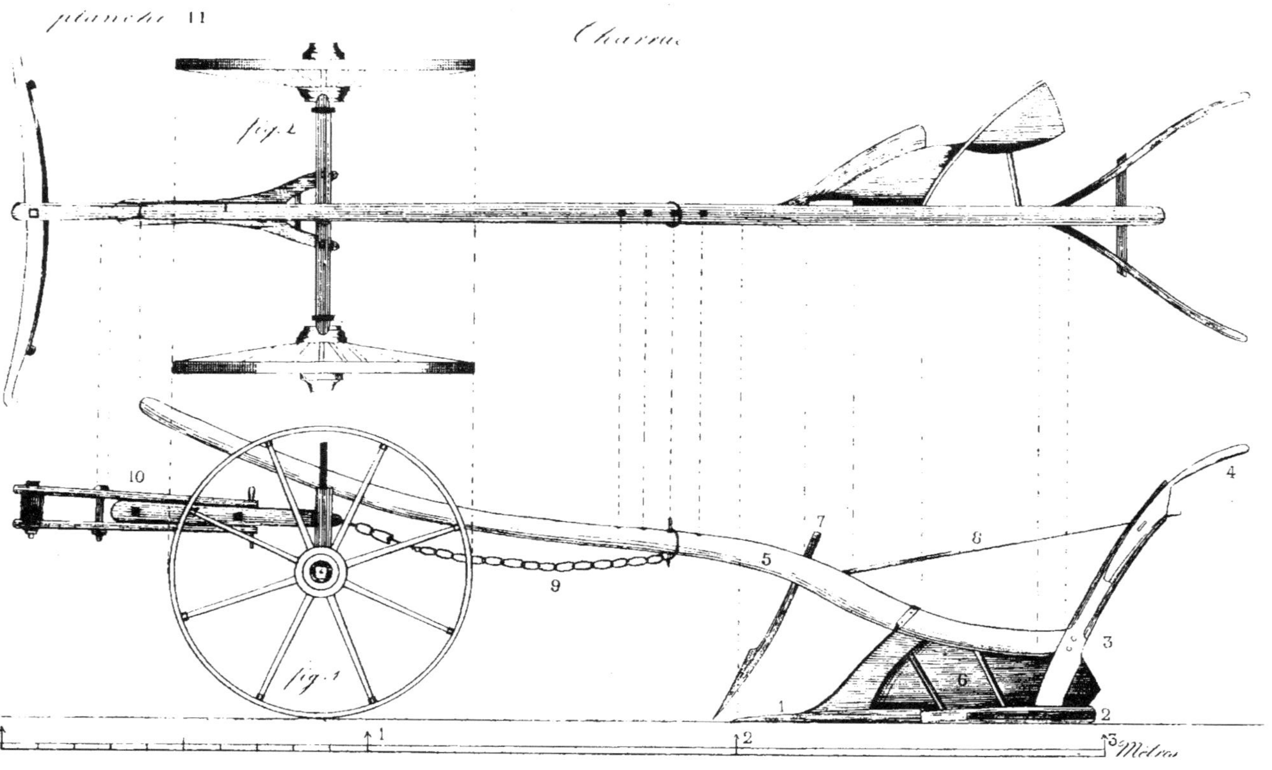

planche 11
Charrue
fig. 2
fig. 1
1
2
3
4
5
6
7
8
9
10
3 Mètres

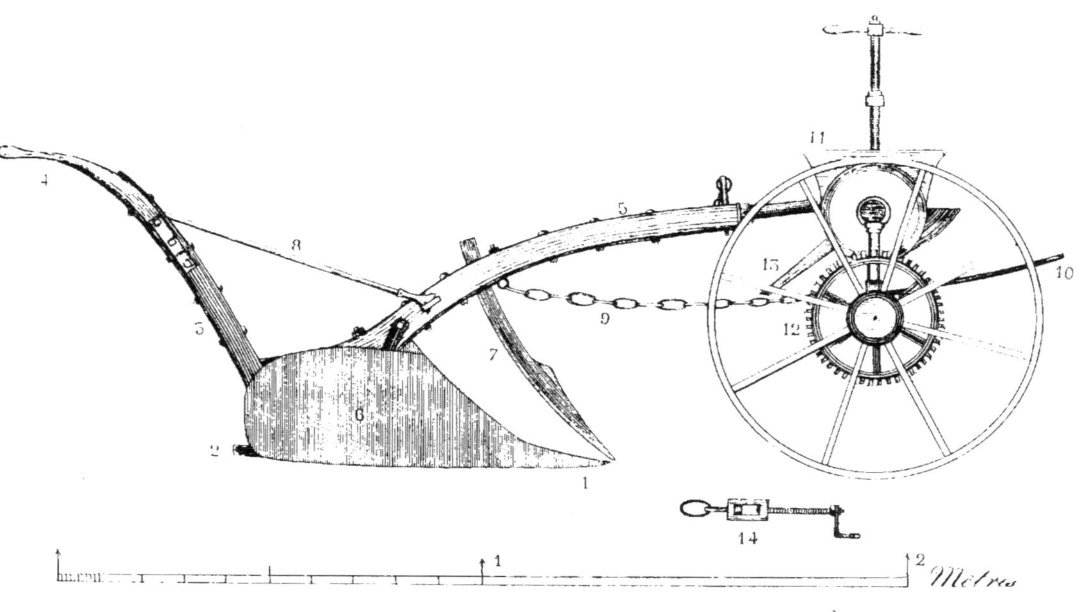

planche 15
Charrue à semoir de Chevenin
11
15
12
10
9
5
8
4
3
5
6
2
7
1
14
1
2 Mètres

Charrue à semoir de Charruin

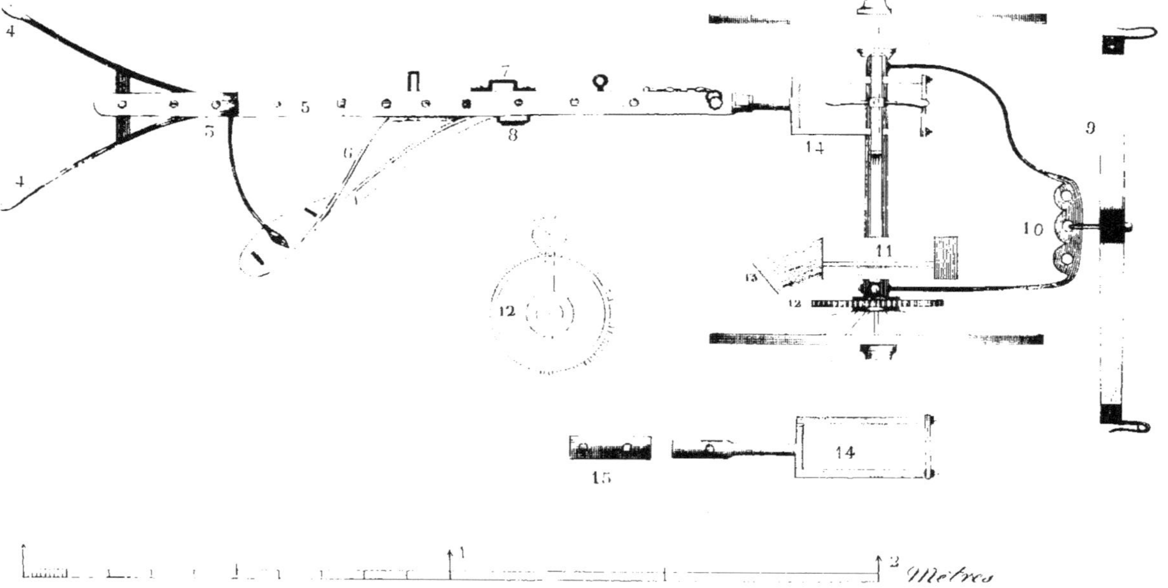

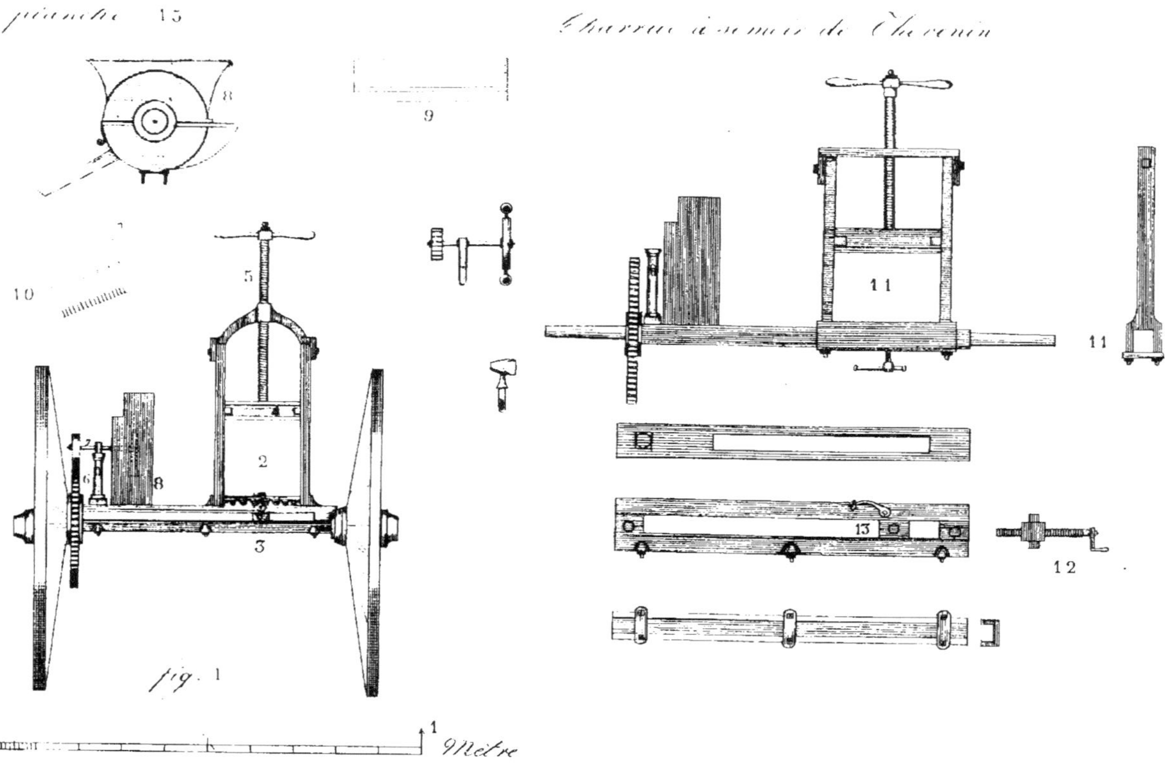

planche 15
Charrue à semoir de Theremin
fig. 1
Mètre

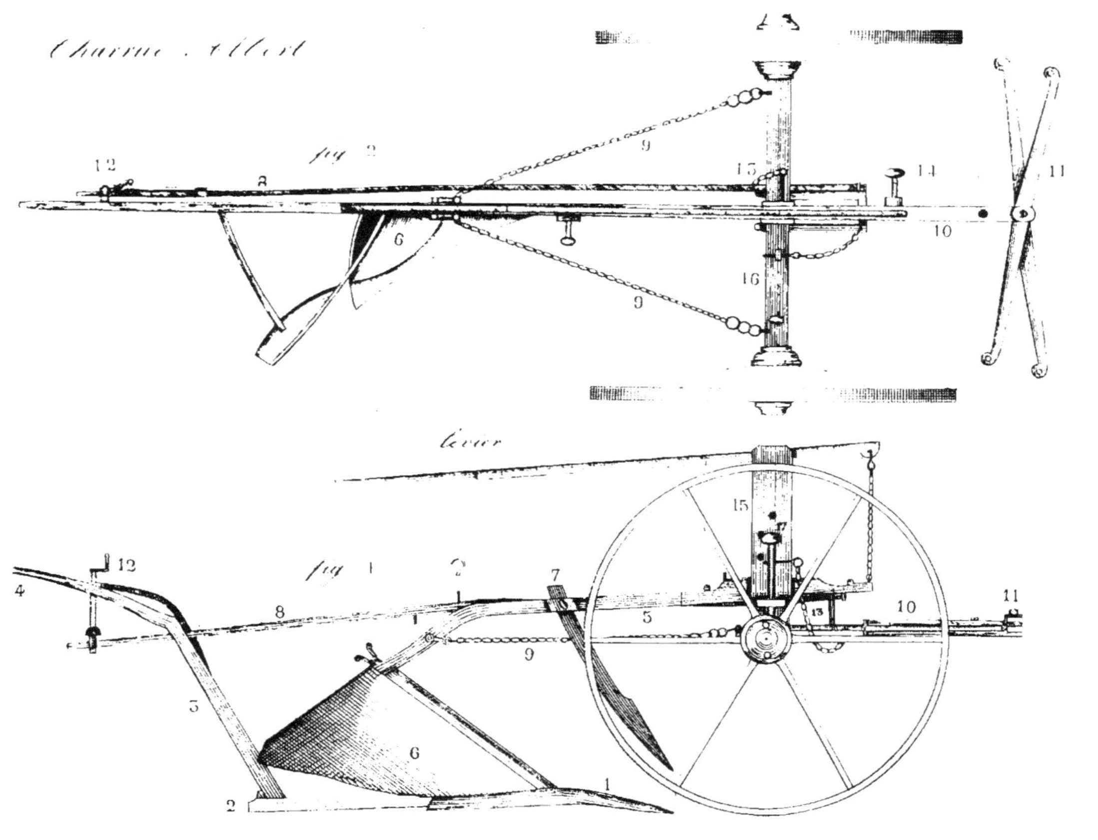

Charrue Allent
fig 2
levier
fig 1

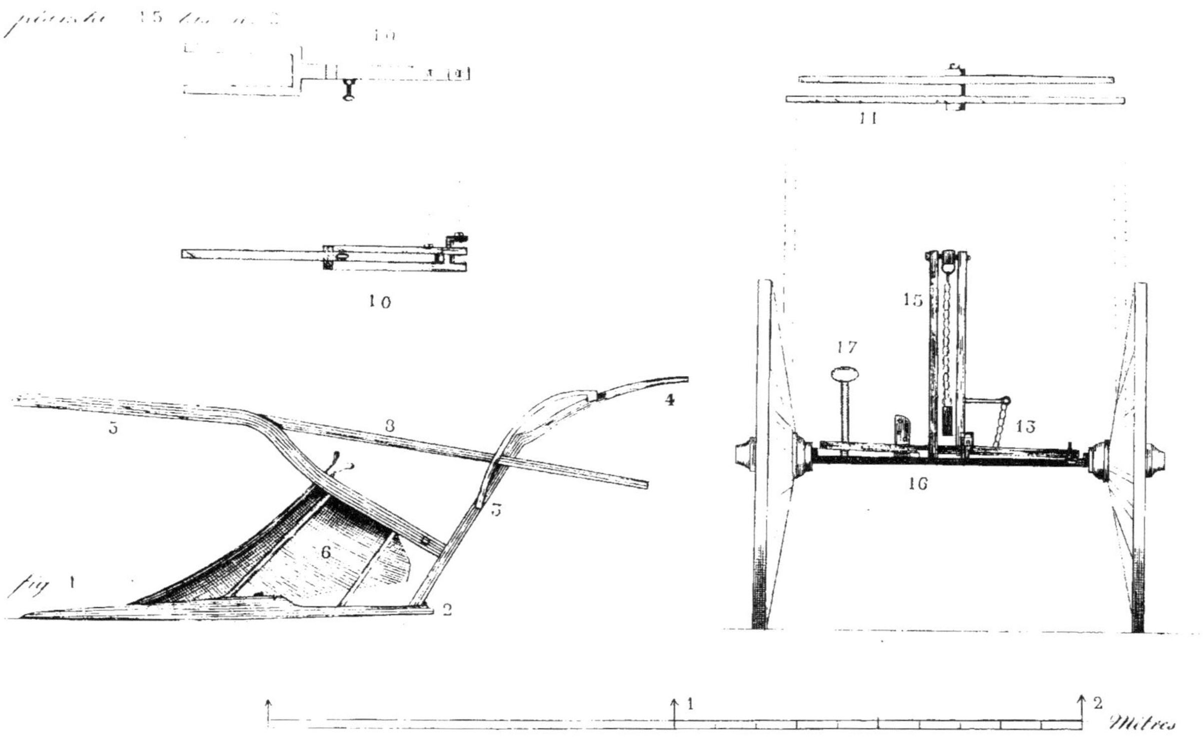

planche 15 bis n° 3
10
11
10
4
5
3
2
3
6
fig. 1
15
17
13
16
1
2
Mètres

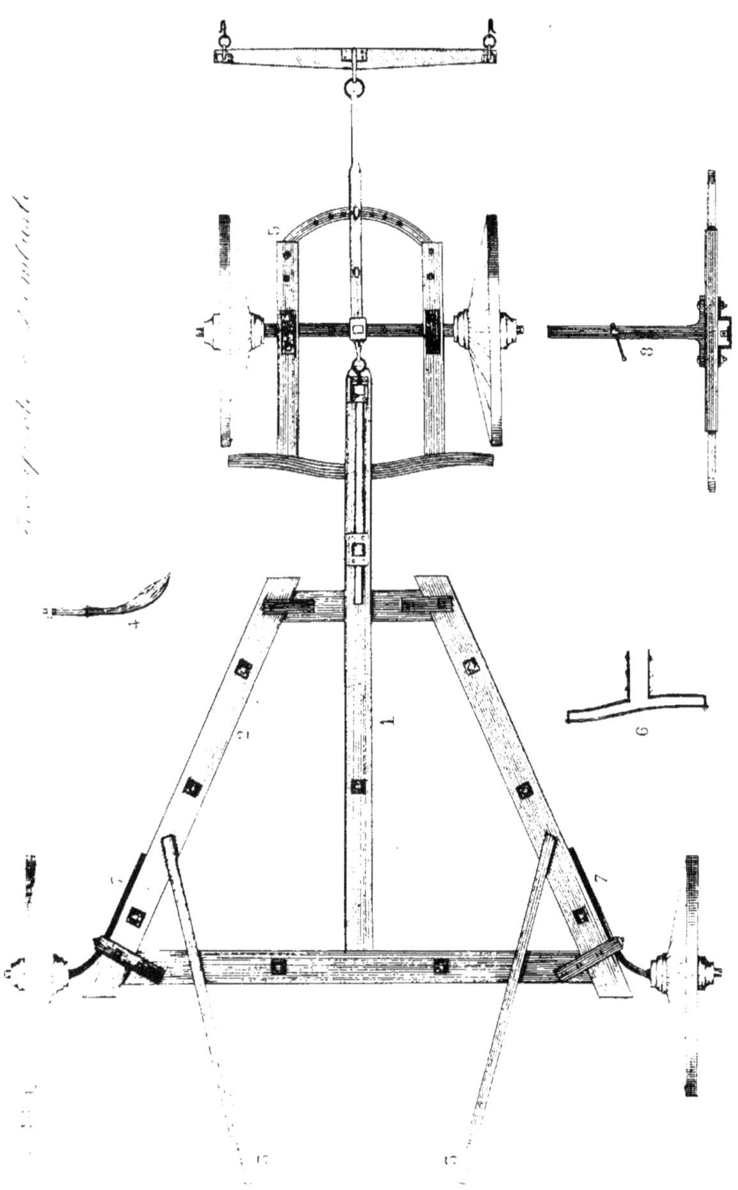

Scarificateur Vanderhaute.

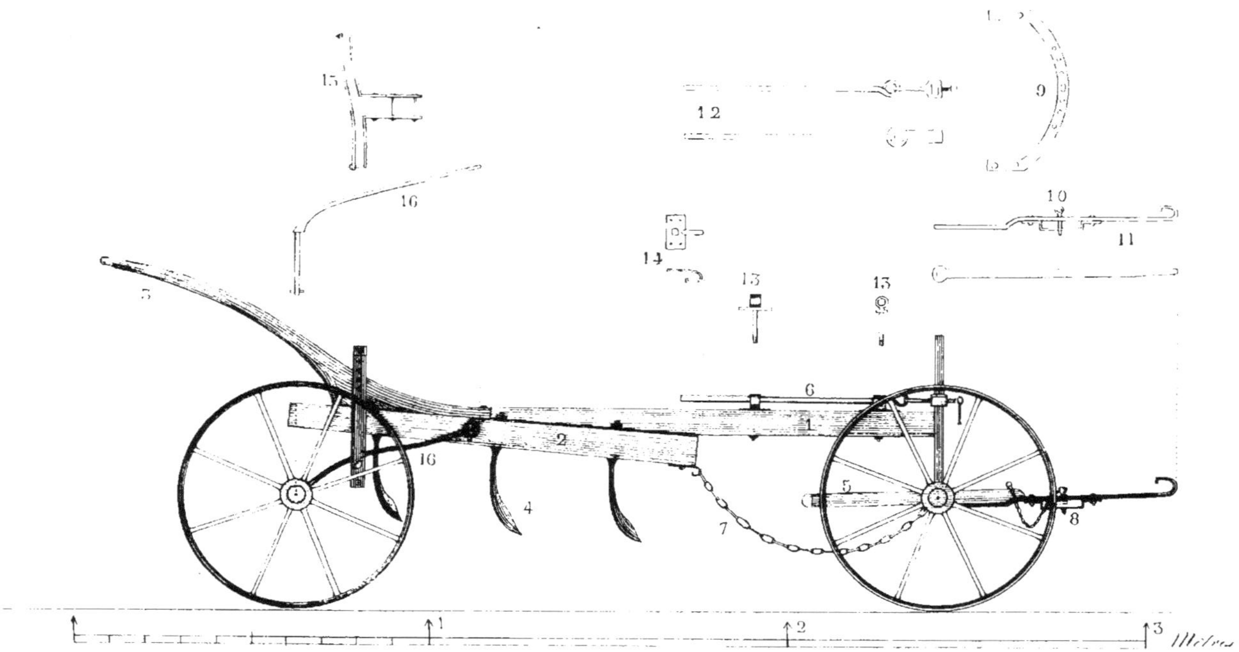

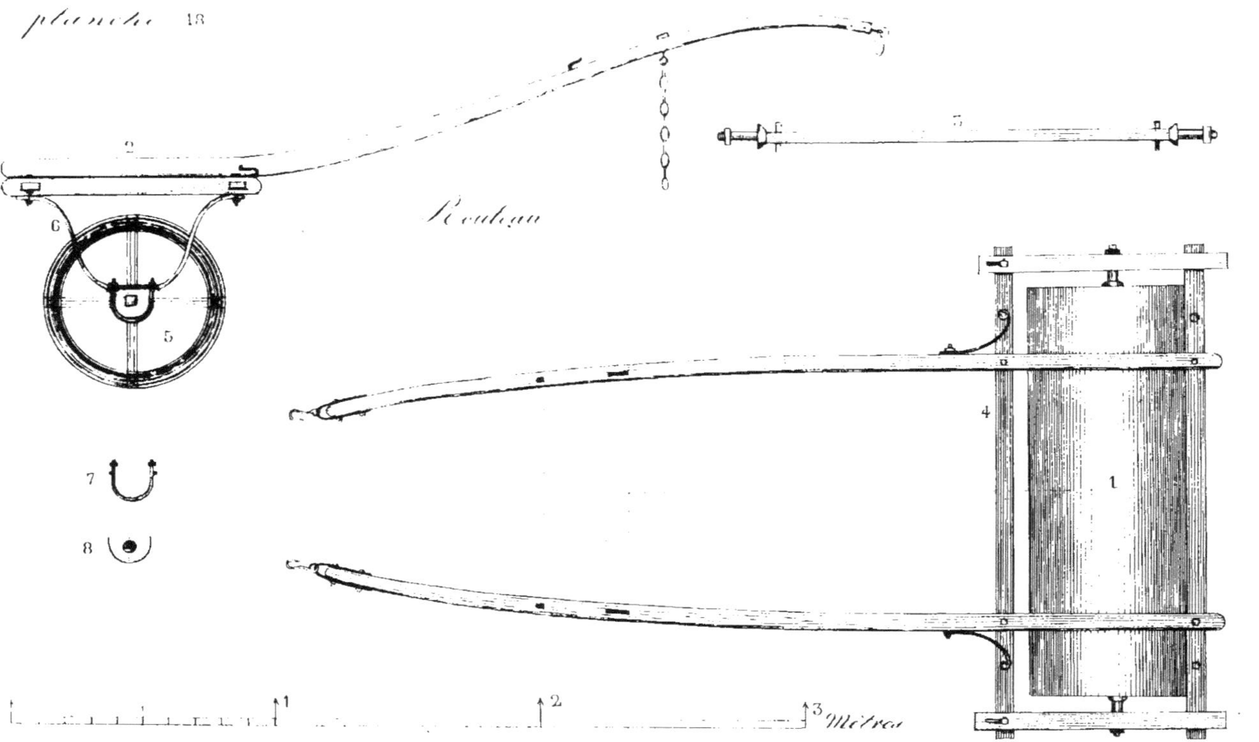

planche 15
Rouleau
6
5
7
8
4
1
1
2
3 Metres

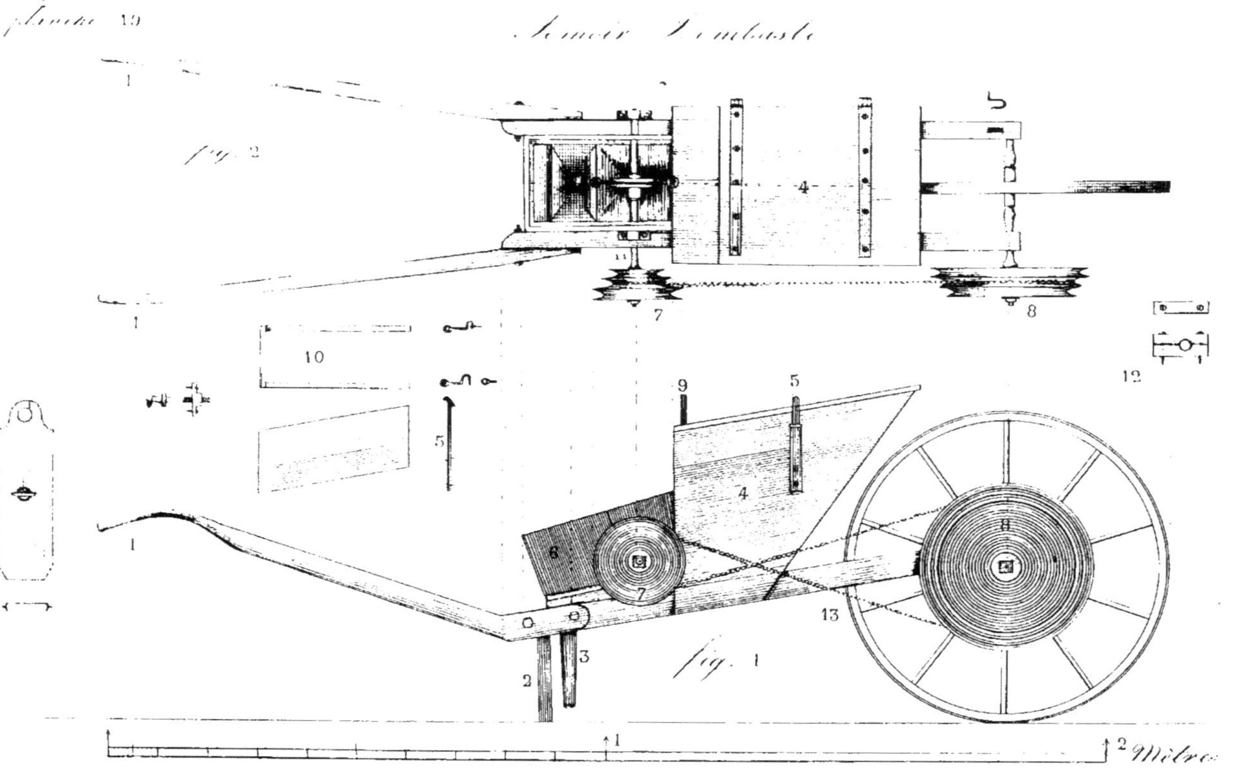

planche 19
Semoir Dombasle
Fig. 2
Fig. 1
2 Mètre

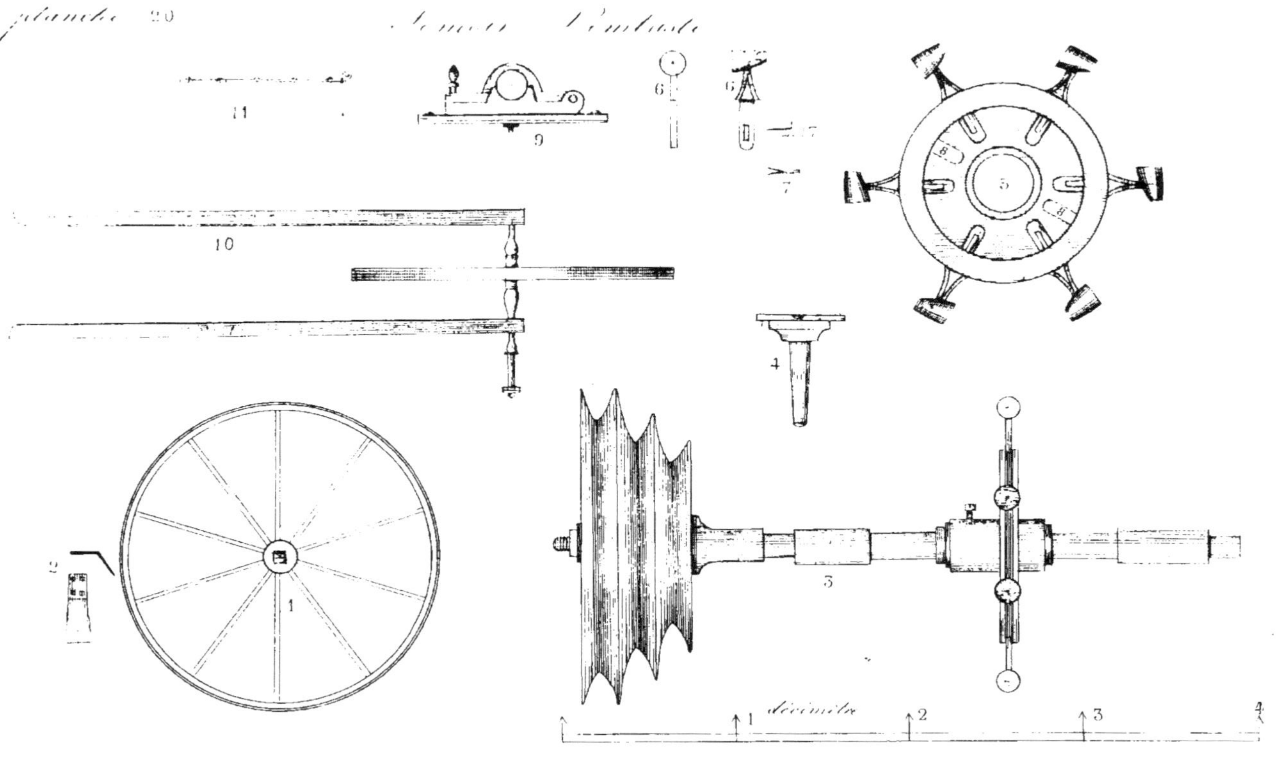
planche 20
1
2
3
4
5
6
7
8
9
10
11
décimètre
1 2 3 4

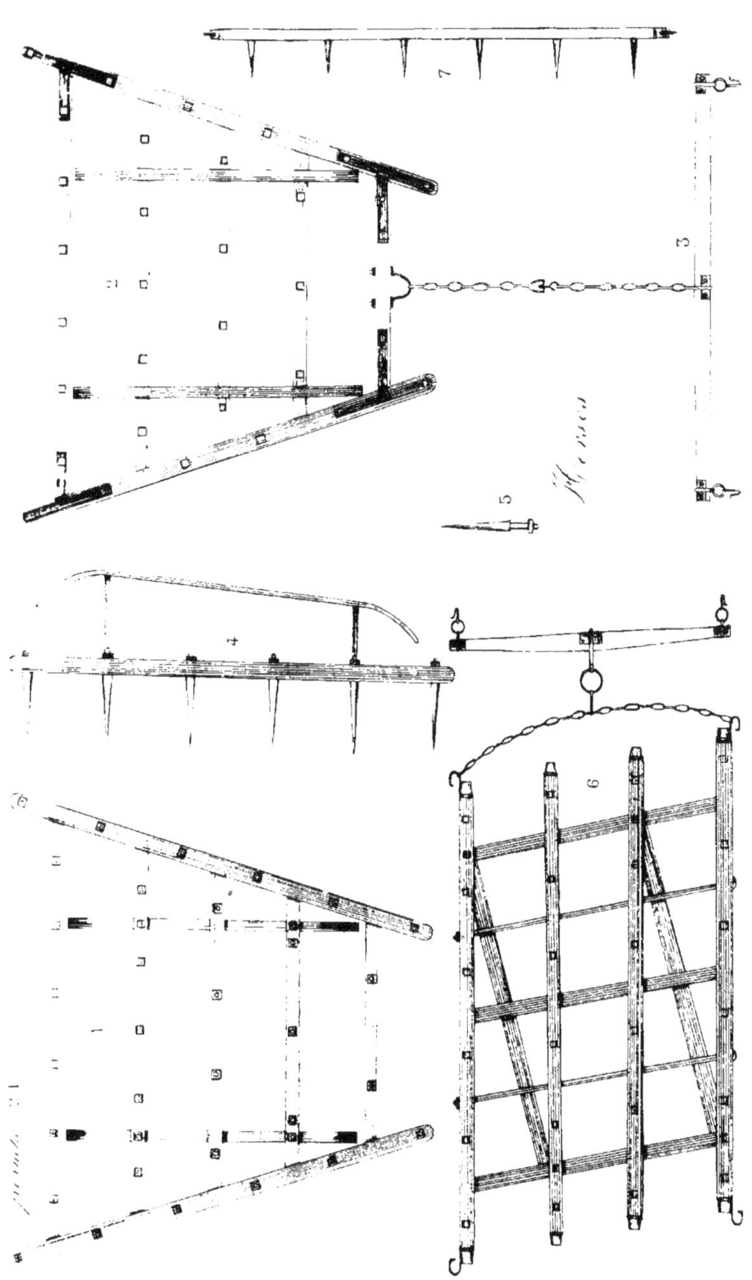

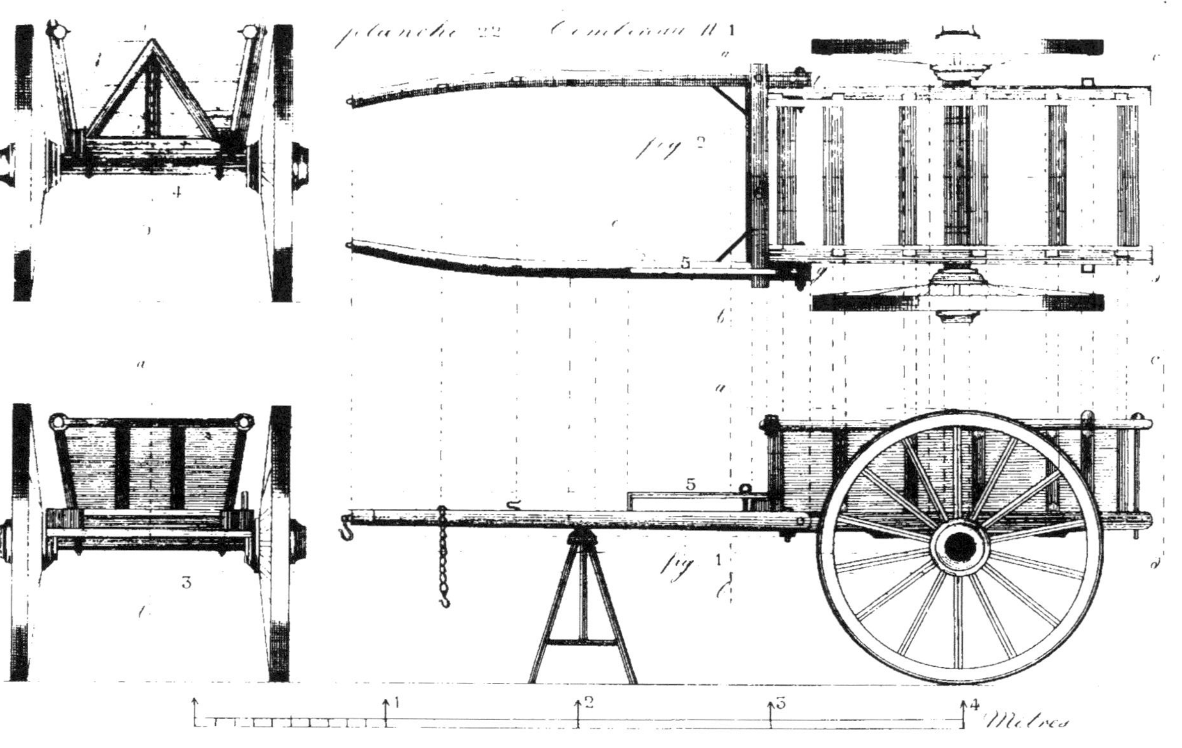
planche 22   Tombereau N 1
Fig 2
Fig 1
Mètres

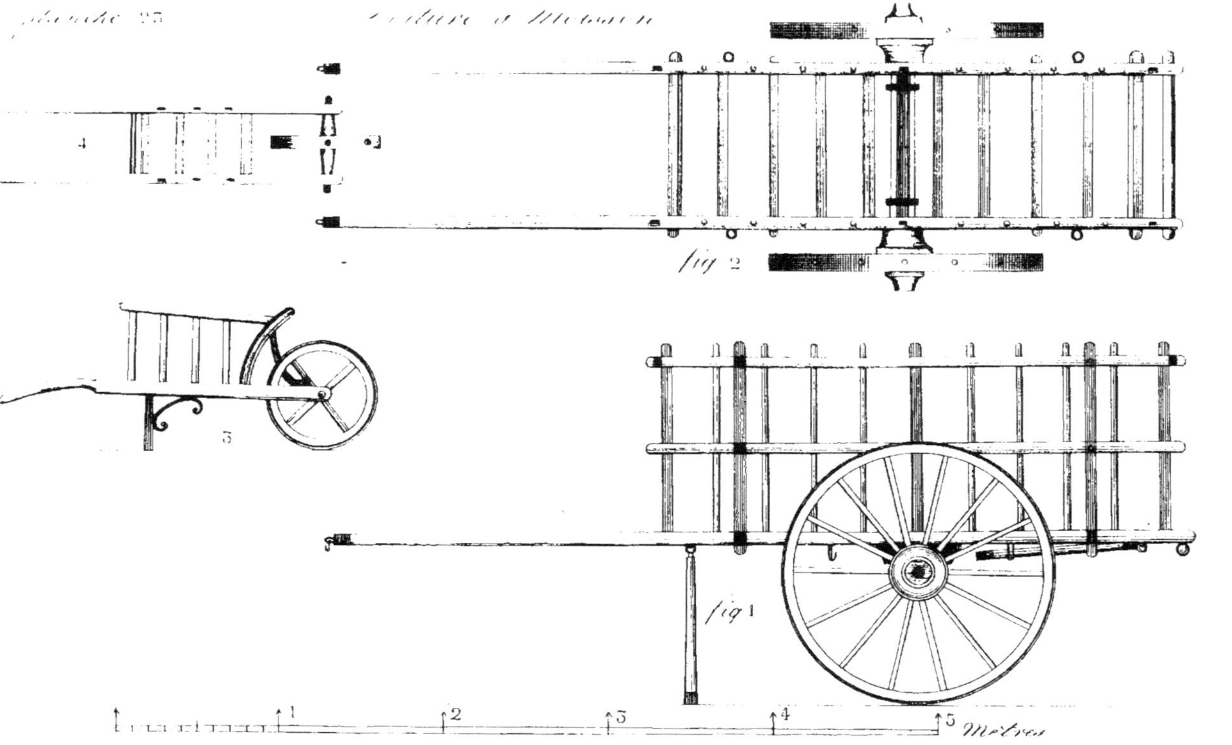

planche 25
Voiture à Moisson
fig 2
fig 1
3
4
1 2 3 4 5 Mètres

Planche 24
Tableau n° 2
Fig. 2
Fig. 3
Fig. 1
1 Mètre

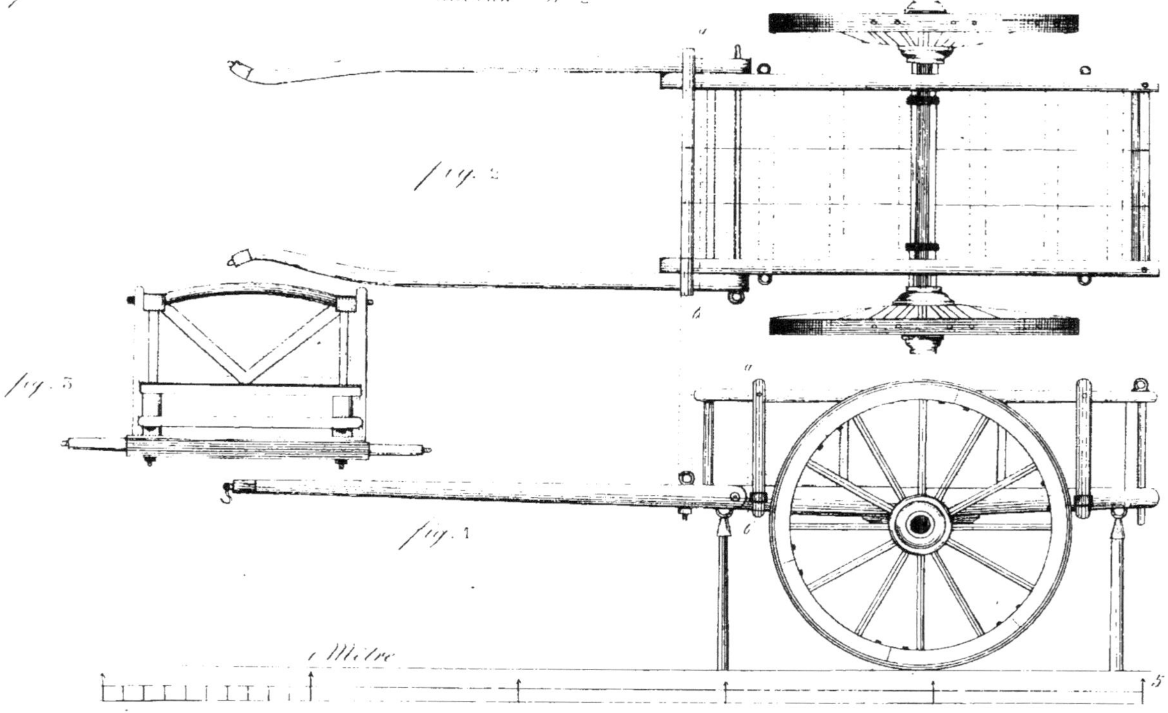

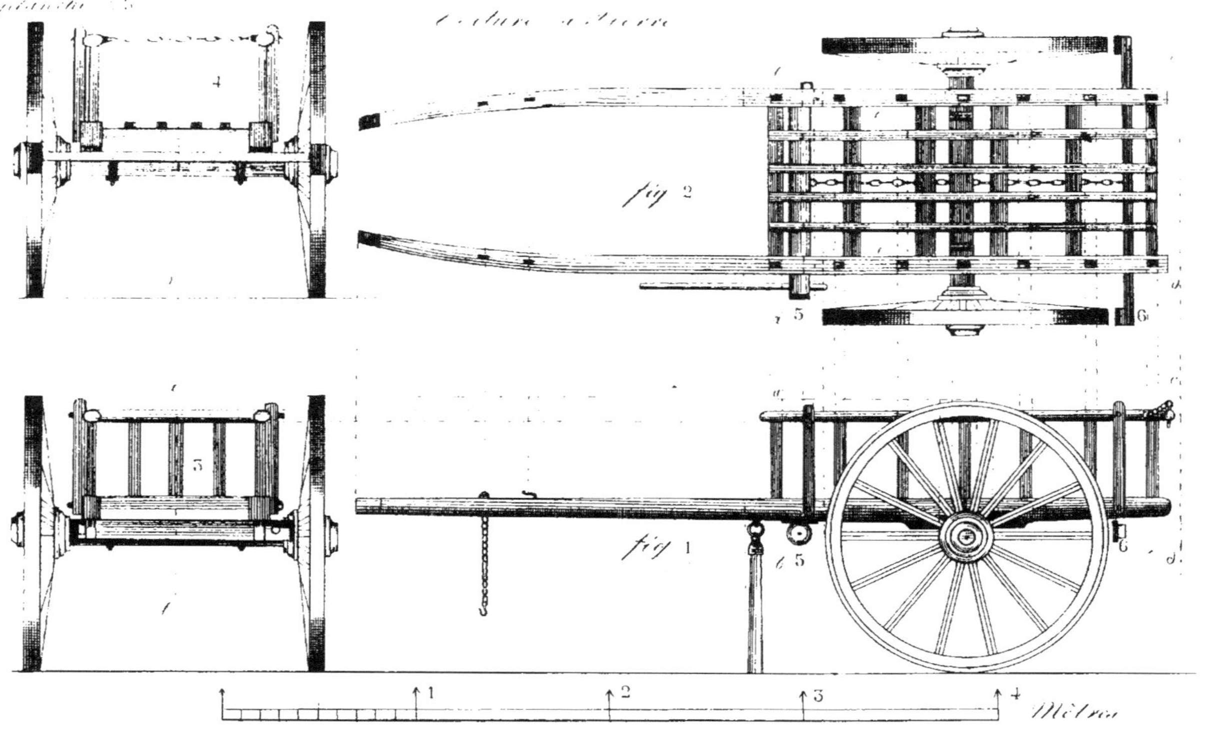
planche
Voiture à bras
fig 2
fig 1
Mètres

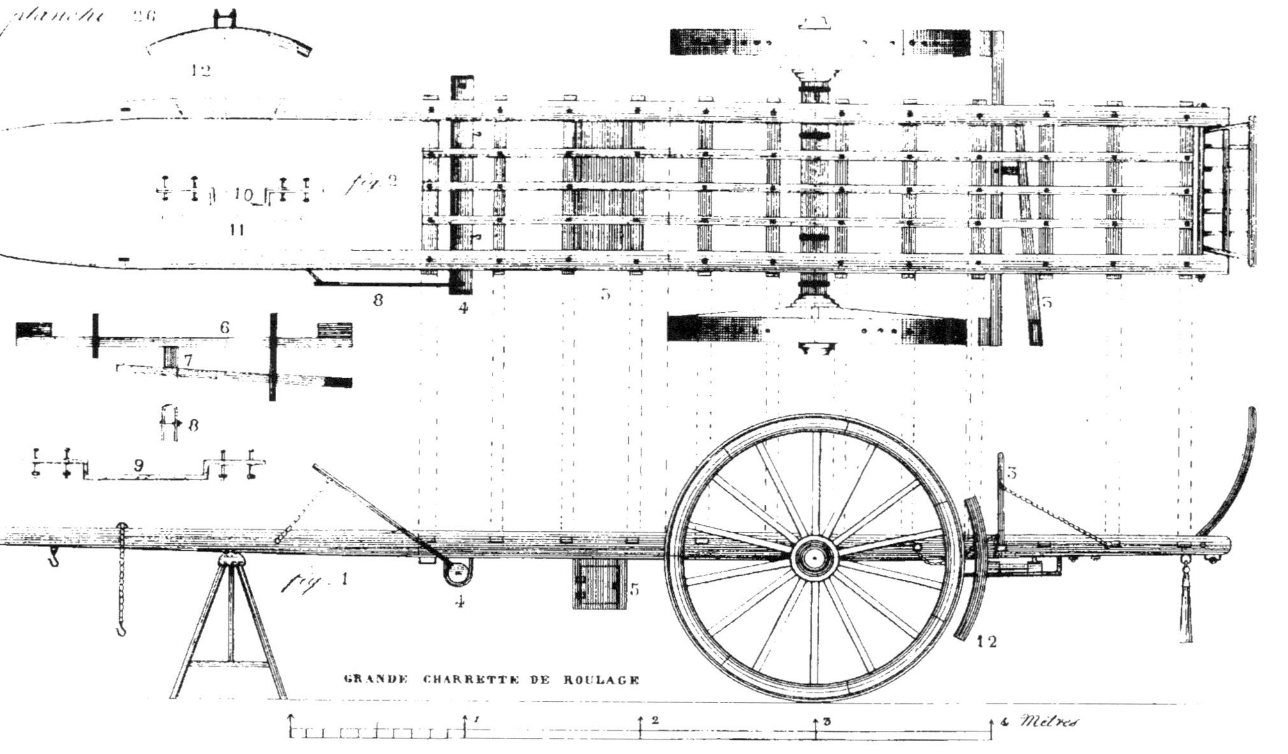

planche 26
12
fig. 2
10
11
8
4
5
5
6
7
8
9
5
5
fig. 1
4
12
GRANDE CHARRETTE DE ROULAGE
1
2
3
4 Mètres

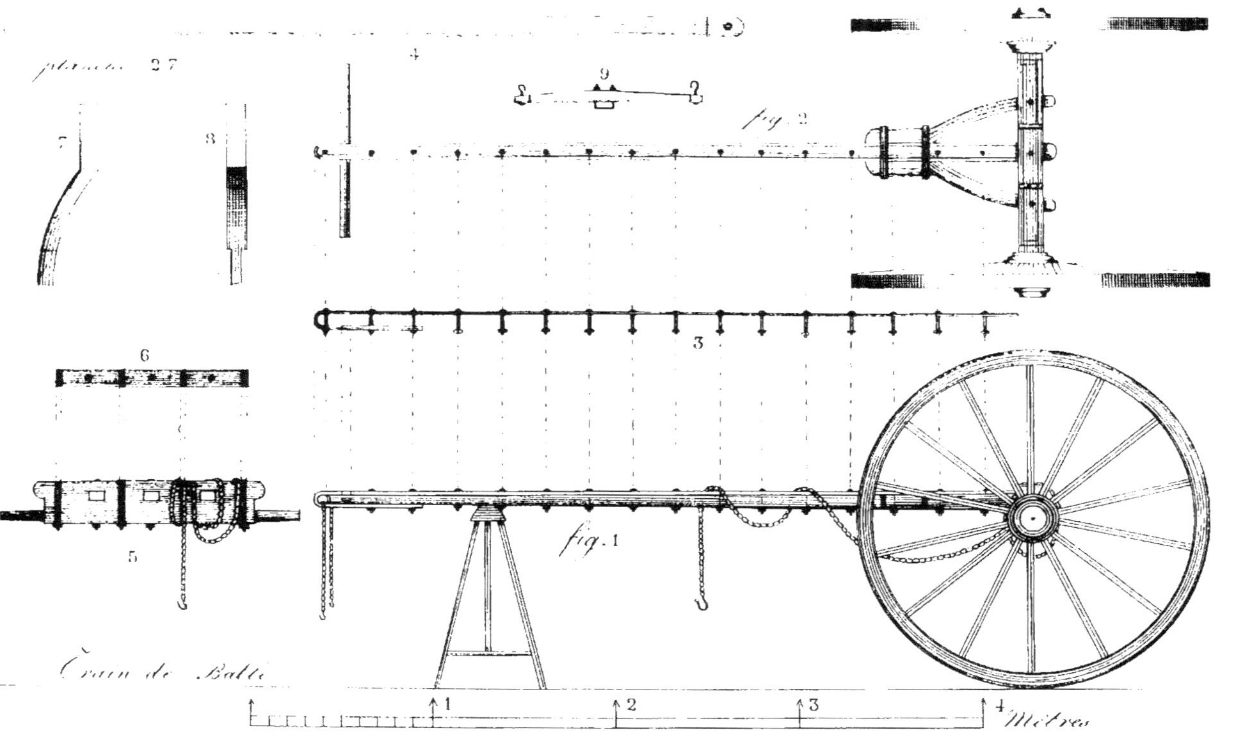

planche 27
fig. 2
fig. 1
Train de Balle
Mètres

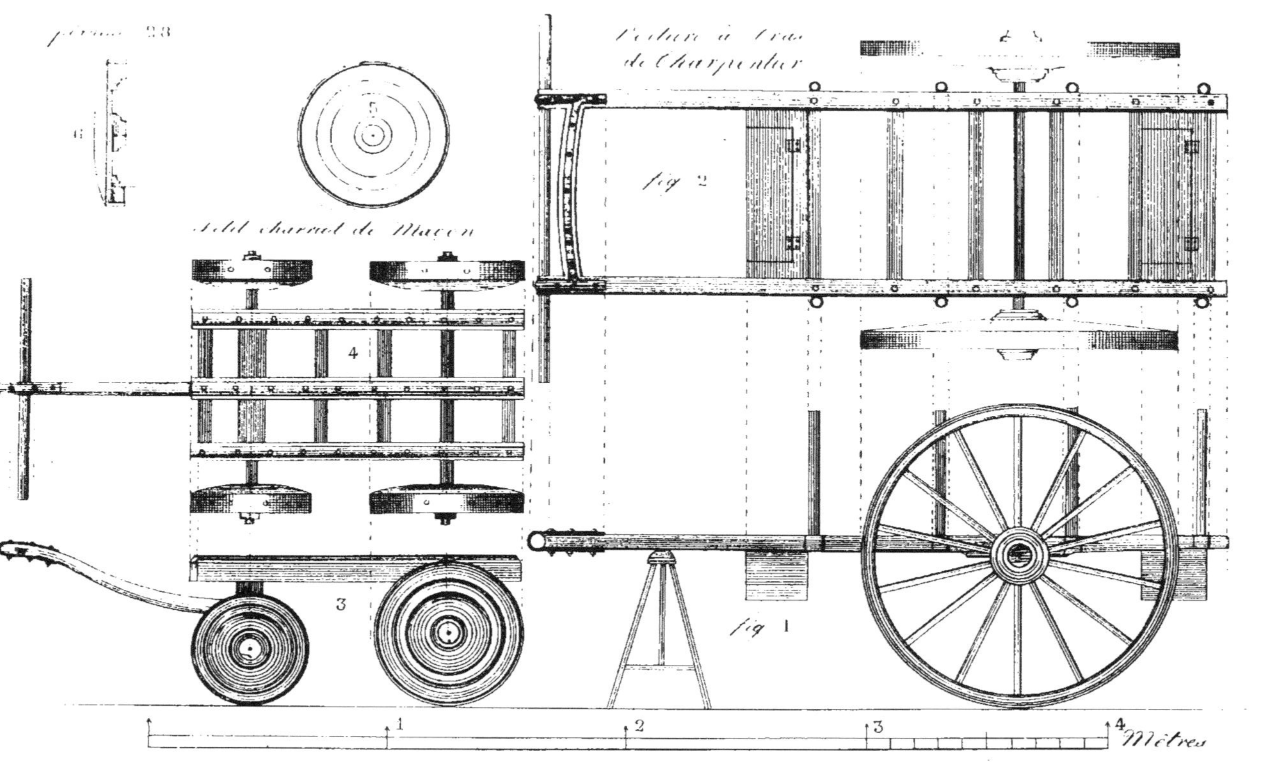

Planche 28
Voiture à bras
de Charpentier
fig 2
Petit Charret de Maçon
4
3
fig 1
1
2
3
4
Mètres

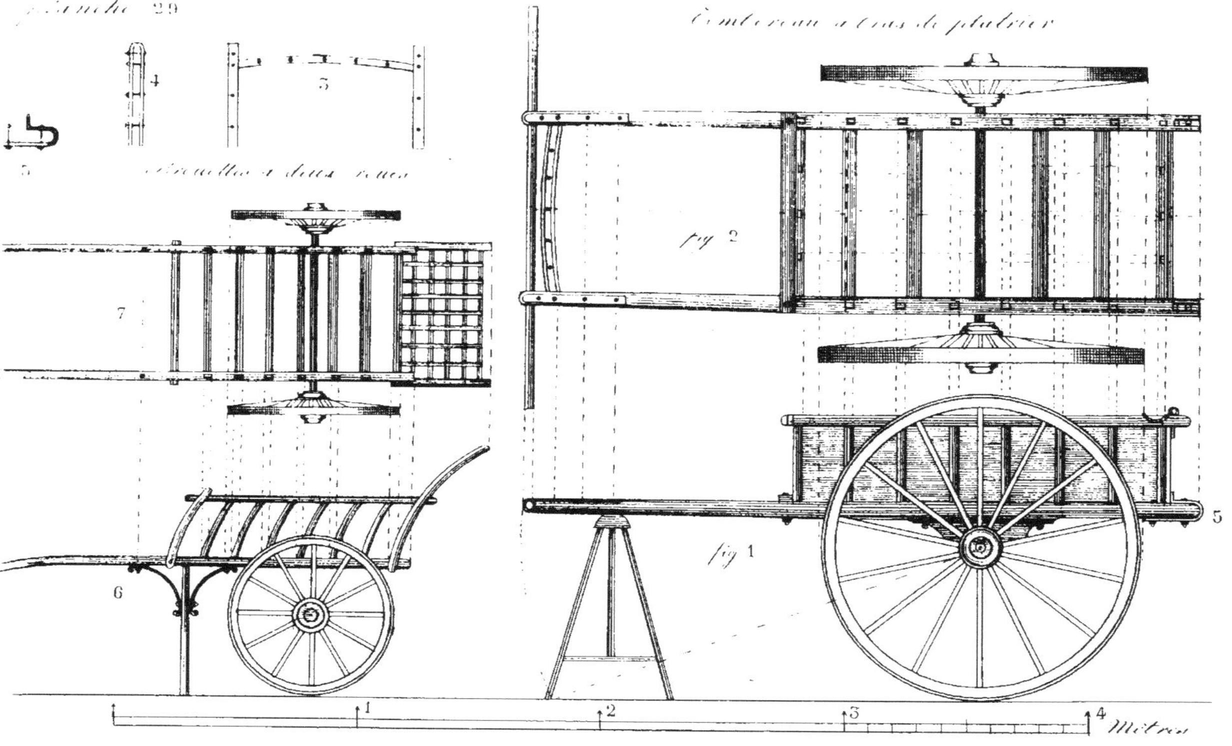

Planche 29
Tombereau à bras de platrier
Brouette à deux roues
fig 2
fig 1
1
2
3
4 Mètres
4
3
5
6
7
5

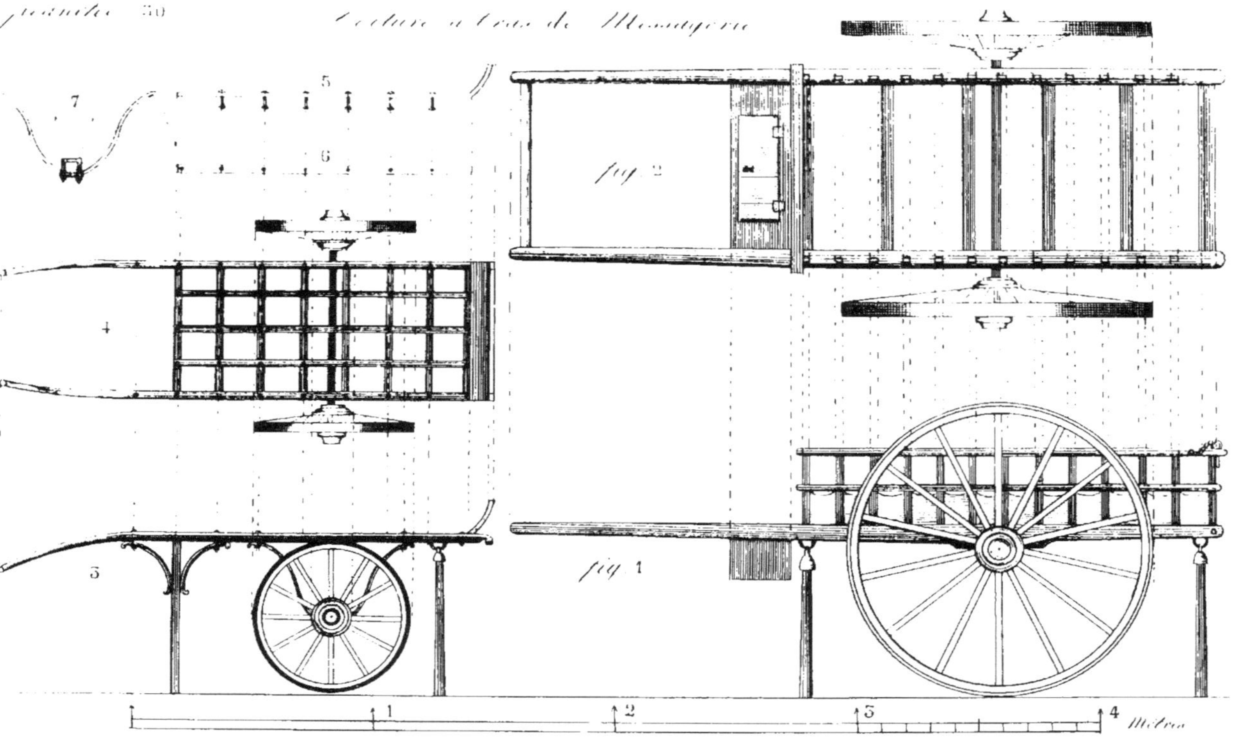

planche 30
Voiture à l'usage de Ménagère
fig. 2
fig. 1
7
5
6
4
3
1   2   3   4   Mètres

planche 31
Vanelle de maçon
fig.2
fig. 1
1 2 3 4 mètres

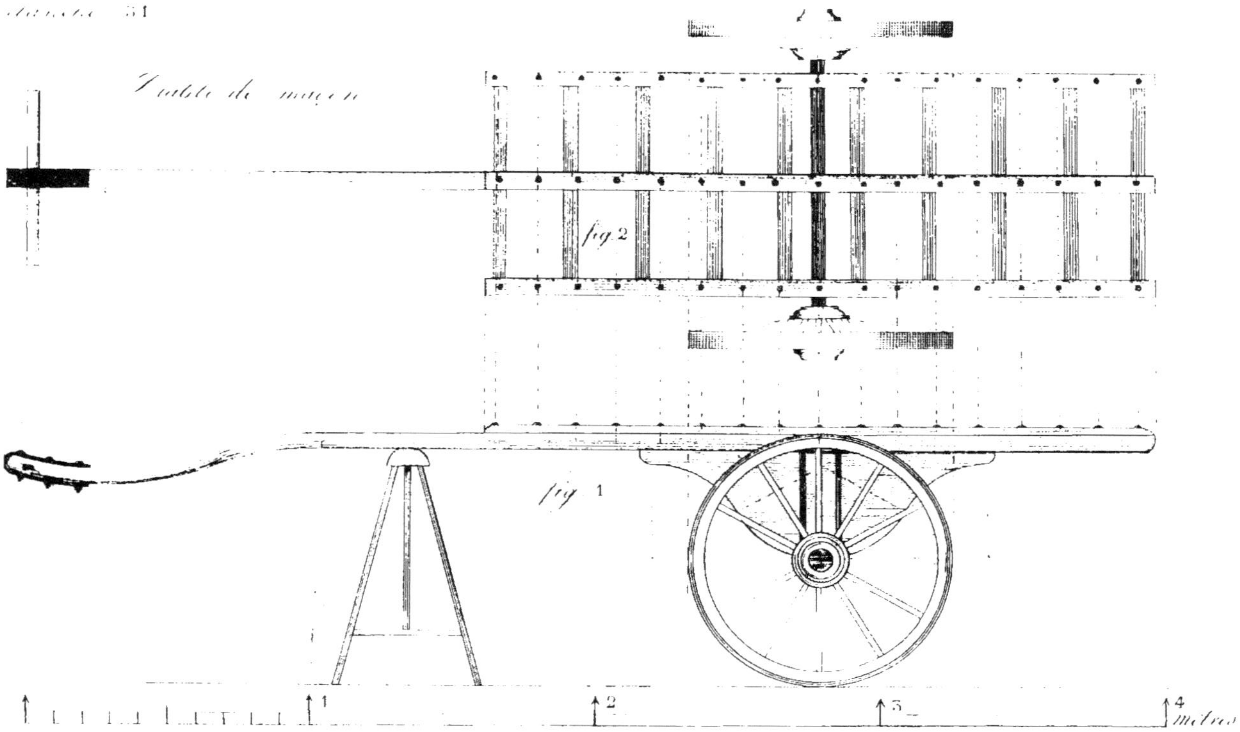

Voiture à bras de Commular

fig. 2

fig. 1

4 mètres

1 2 3 4 5 6 7 8

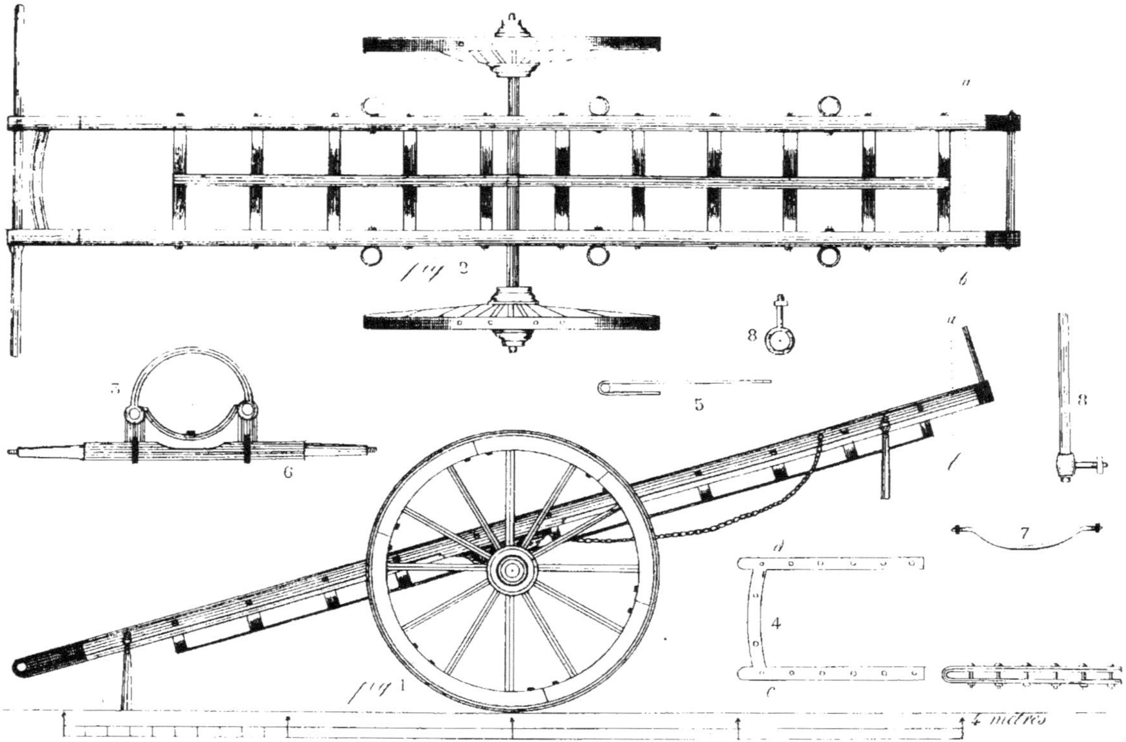

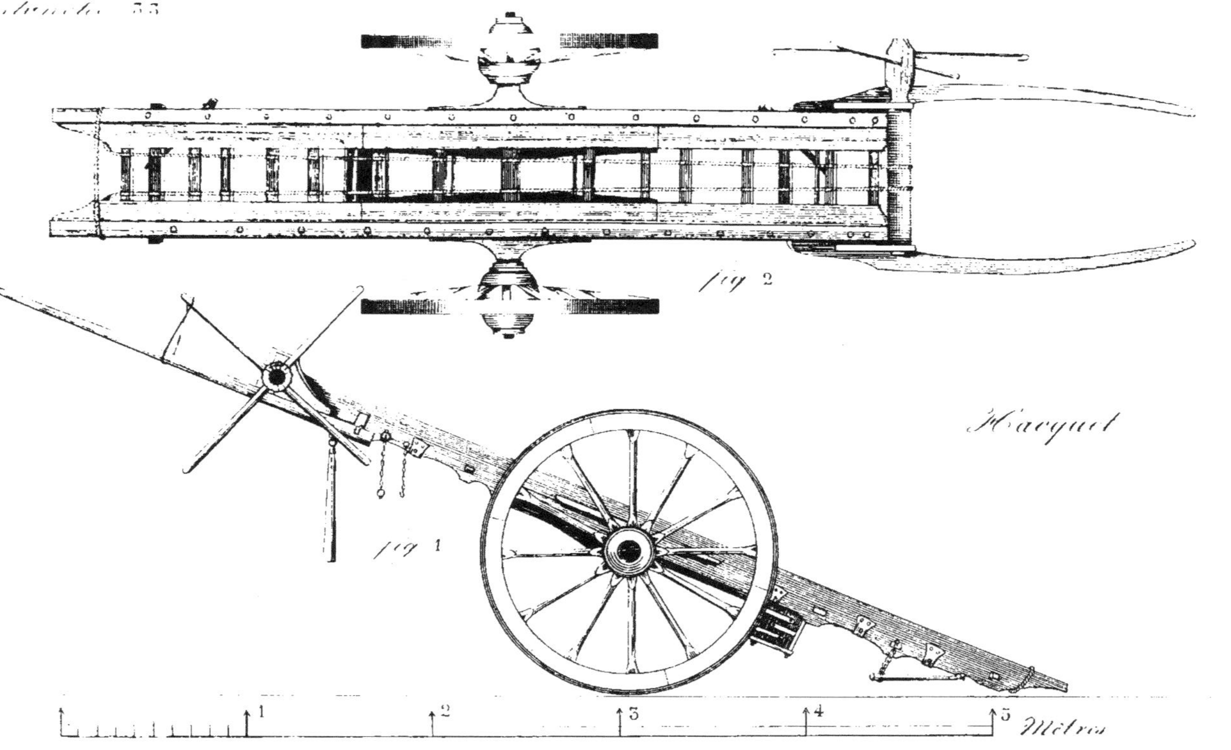

planche 55
fig 2
fig 1
Macquet
1 2 3 4 5 Mètres

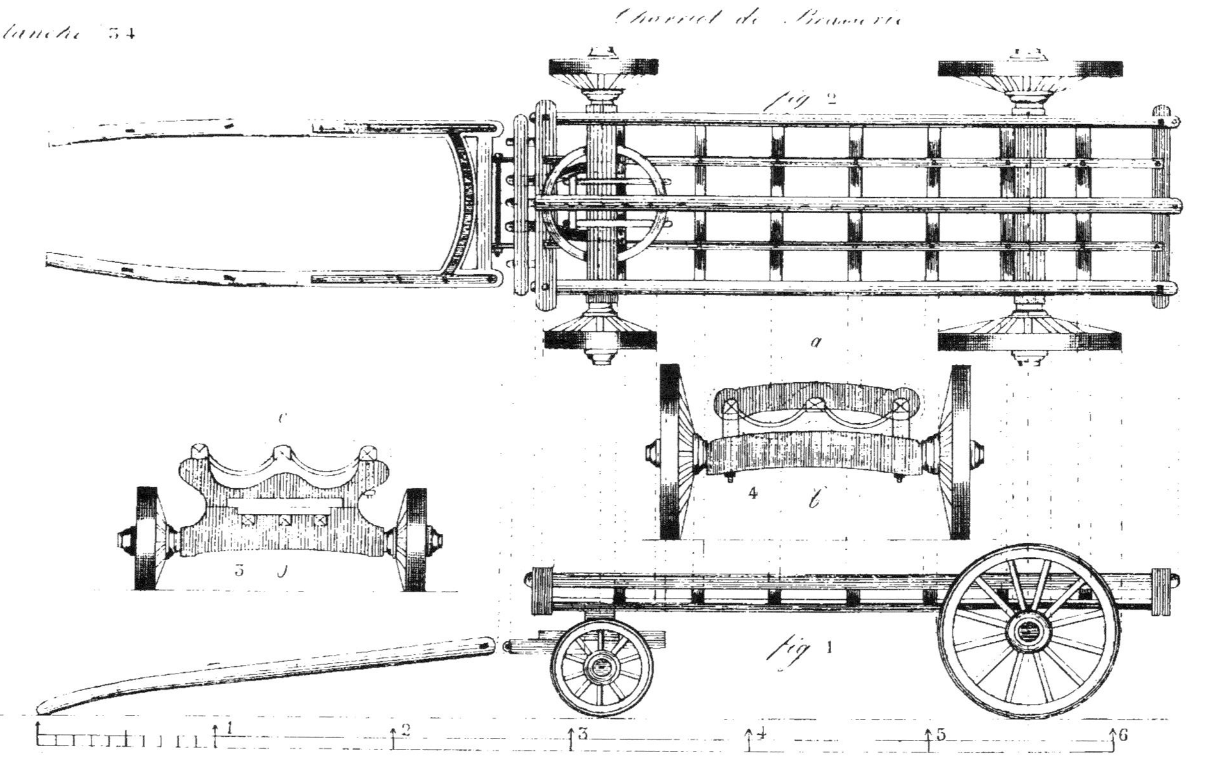

planche 54
Charret de Brasserie
fig 2
fig 1
a
b
c
4
1 2 3 4 5 6

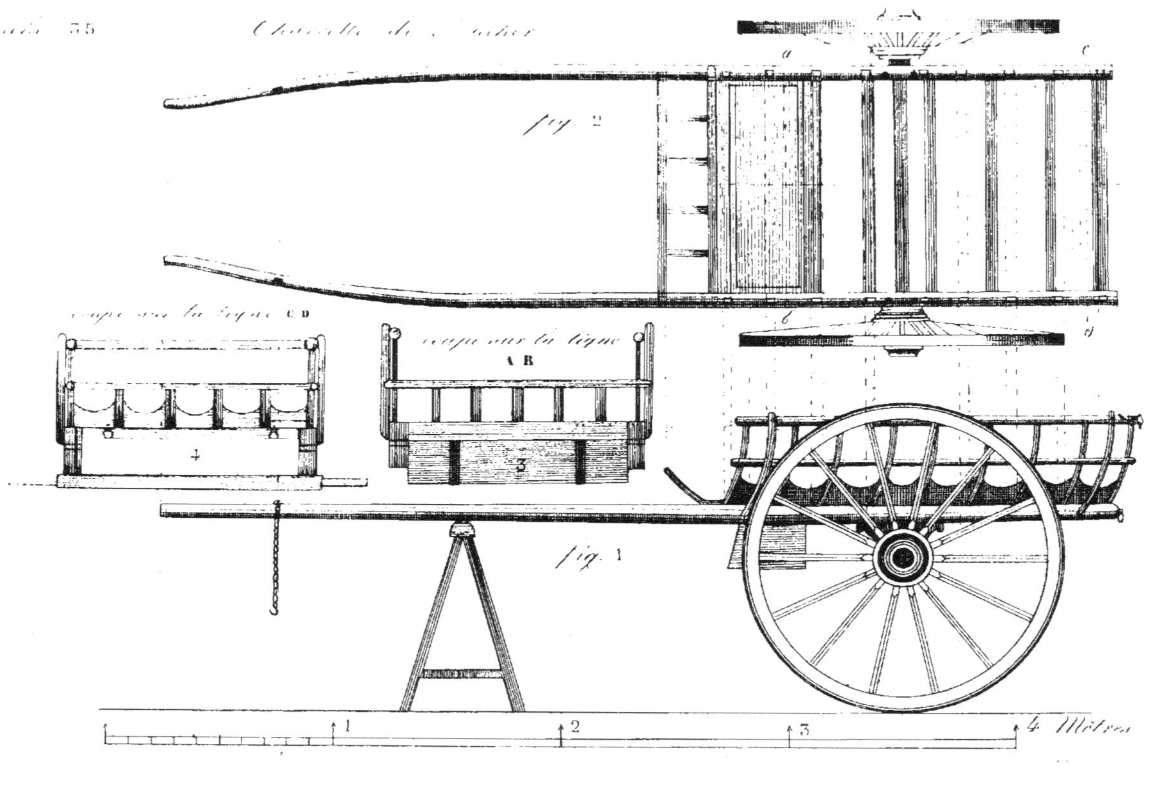
planche 55
Charrette de ... chier
Fig. 2
coupe sur la ligne CD
coupe sur la ligne
A B
coupe sur la ligne CD
Fig. 1
1
2
3
4 Mètres

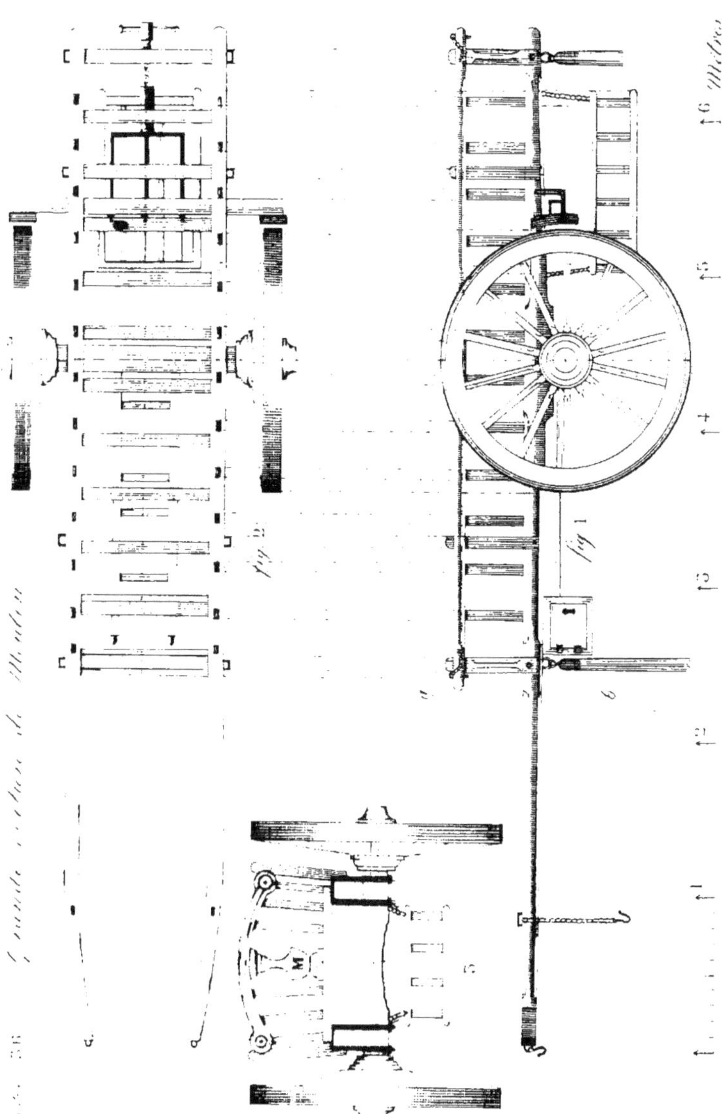

Fig. 1
Fig. 2
Metres
M

planche 33
Charriot de Meulan   N° 1
1 2 3 4 5 6 Mètres

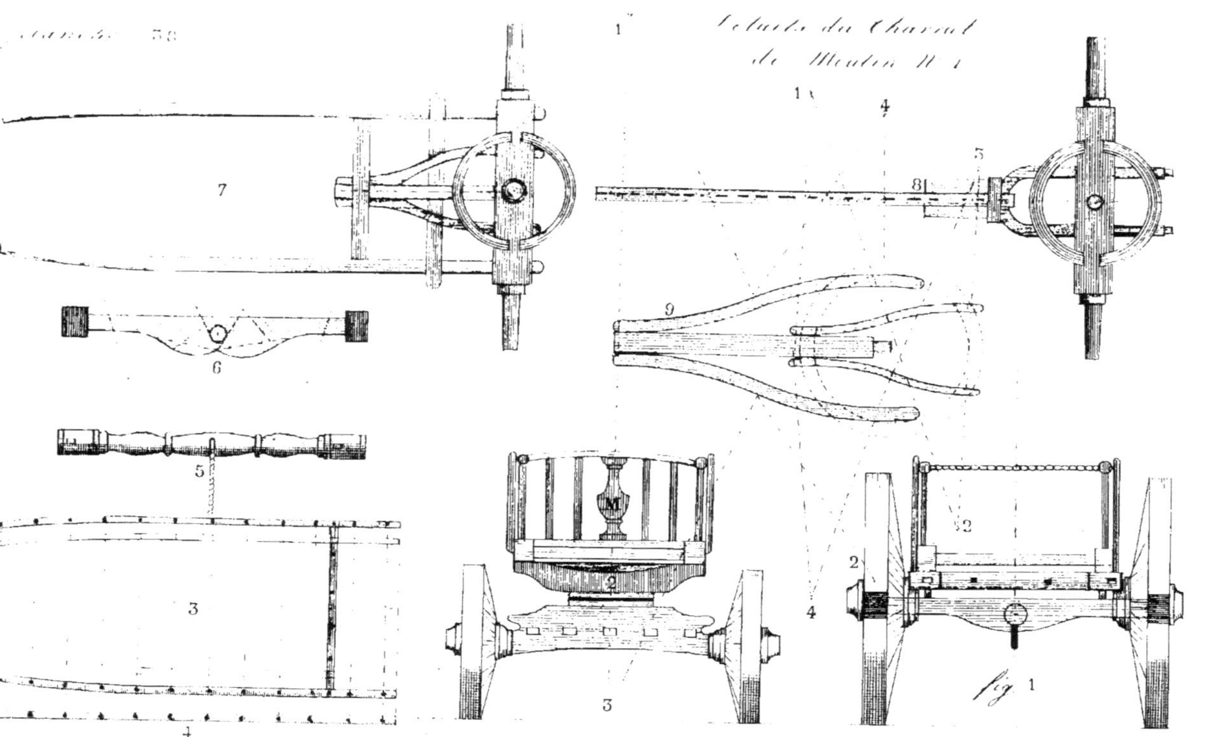

Détails du Cheval
de Moulin N° 1
Fig. 1

planche 59 — Petite voiture de Meulan

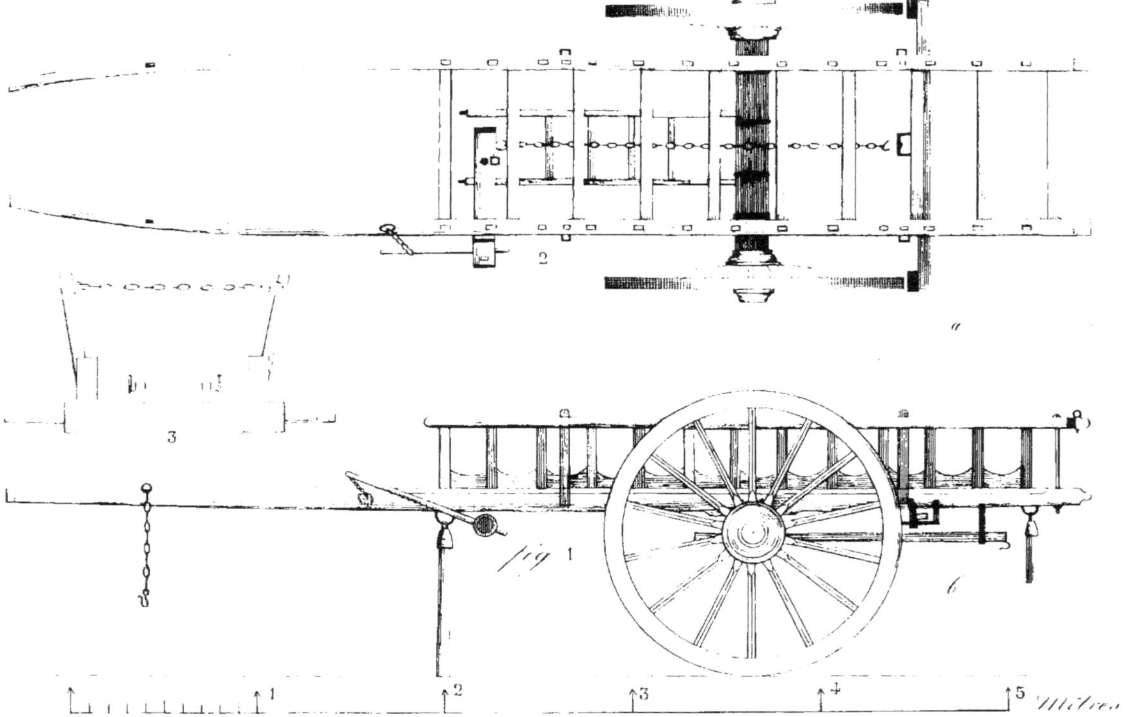

fig. 1

1   2   3   4   5   Mètres

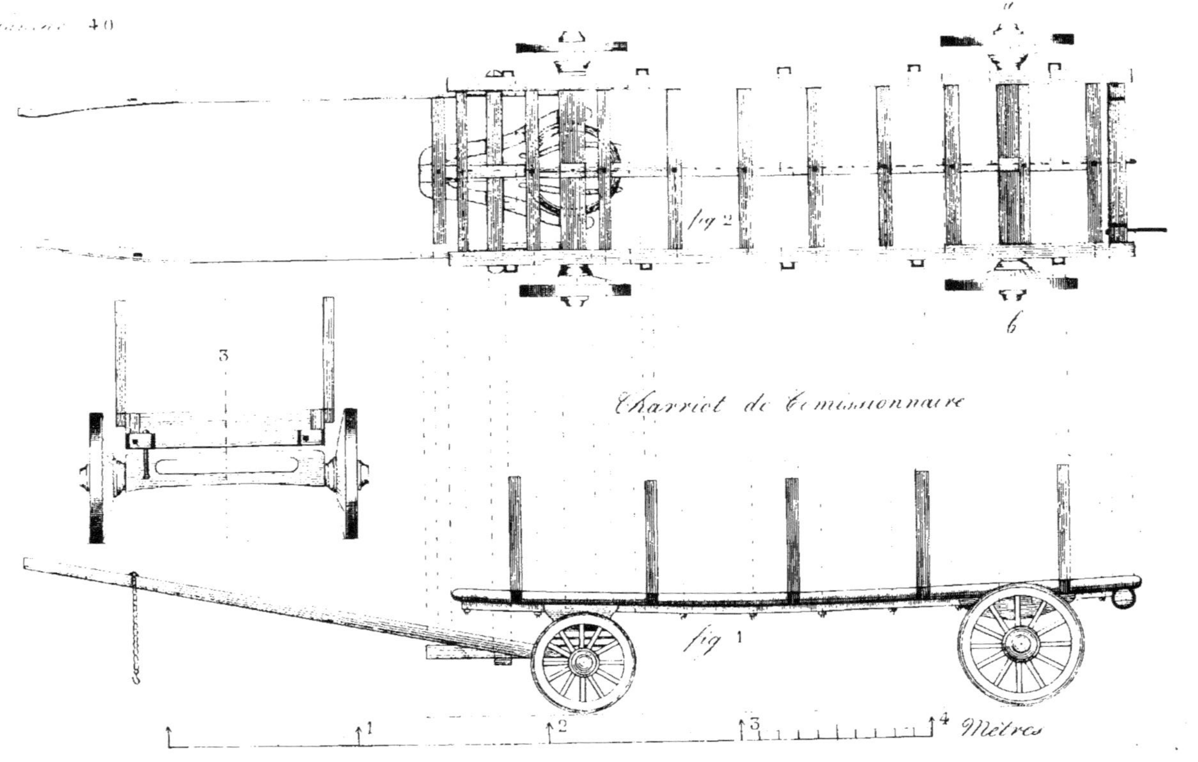

Planche 40
fig 2
6
3
Charriot de Commissionnaire
fig 1
1 2 3 4 Mètres

planche 41 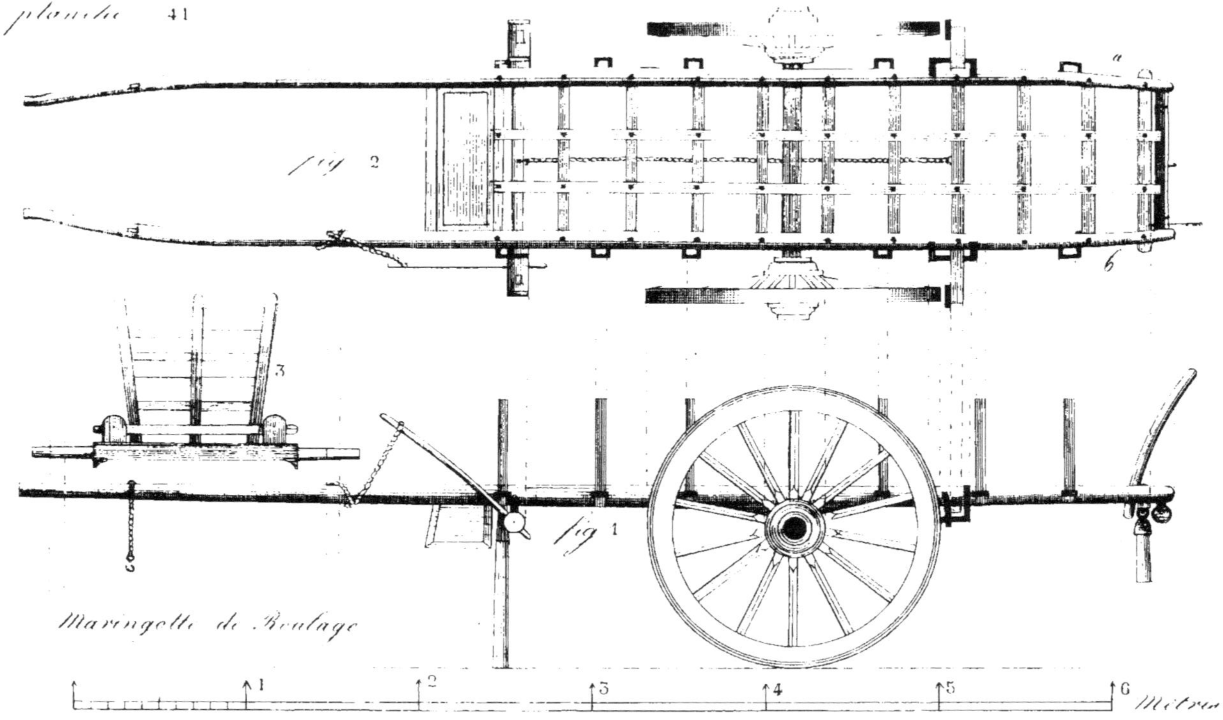
Fig 2
a
b
Fig 1
3
Maringotte de Roulage
1   2   3   4   5   6   Mètres

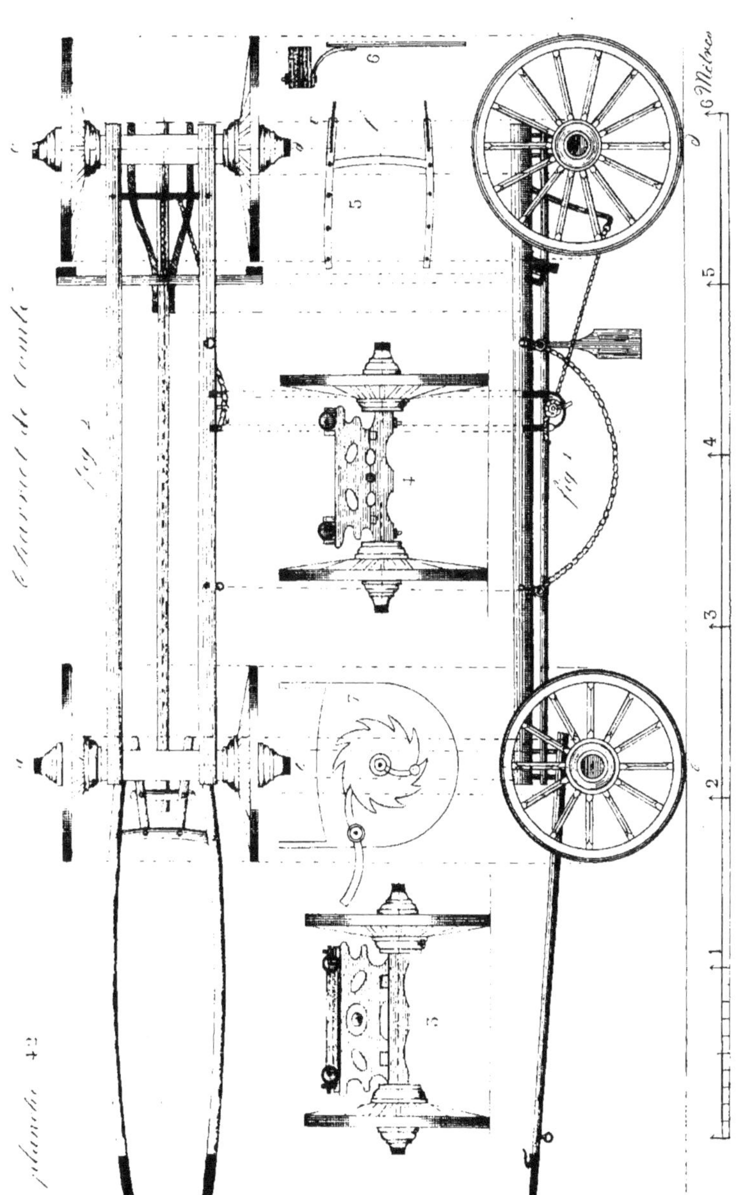

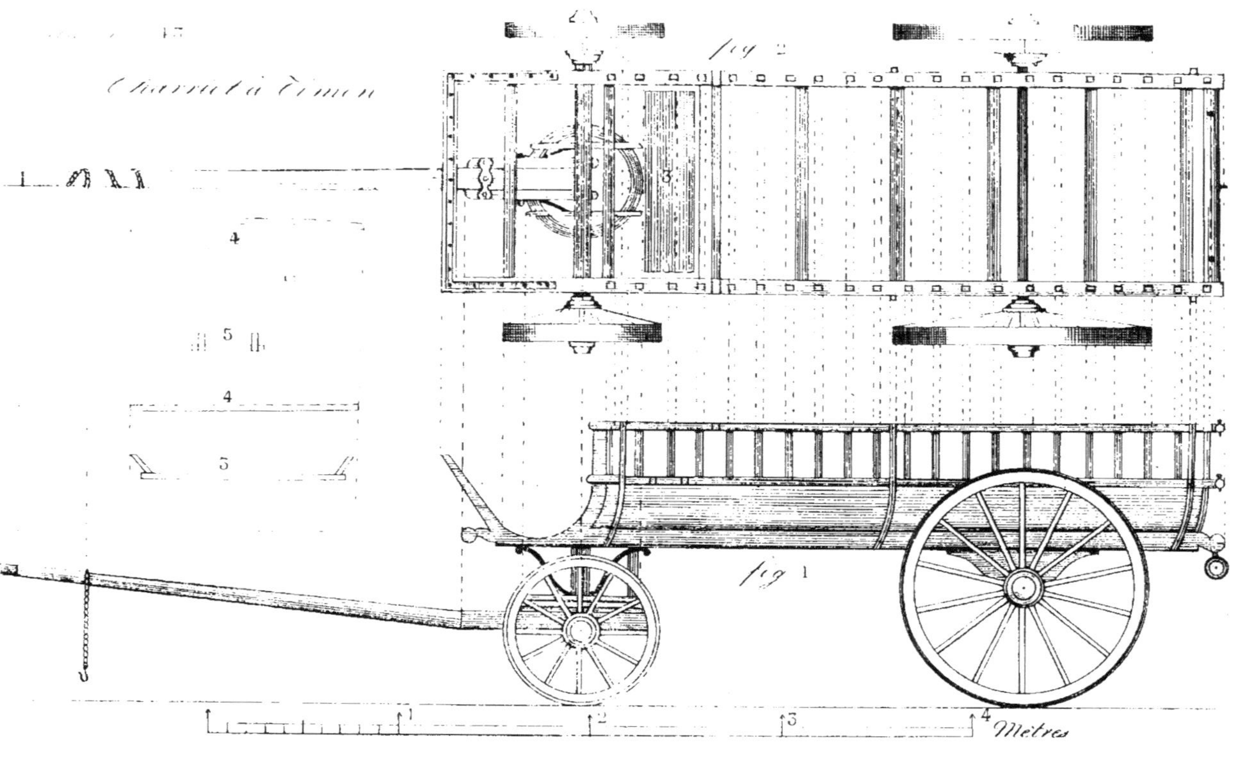

Charrette à timon
Fig 2
Fig 1
Mètres

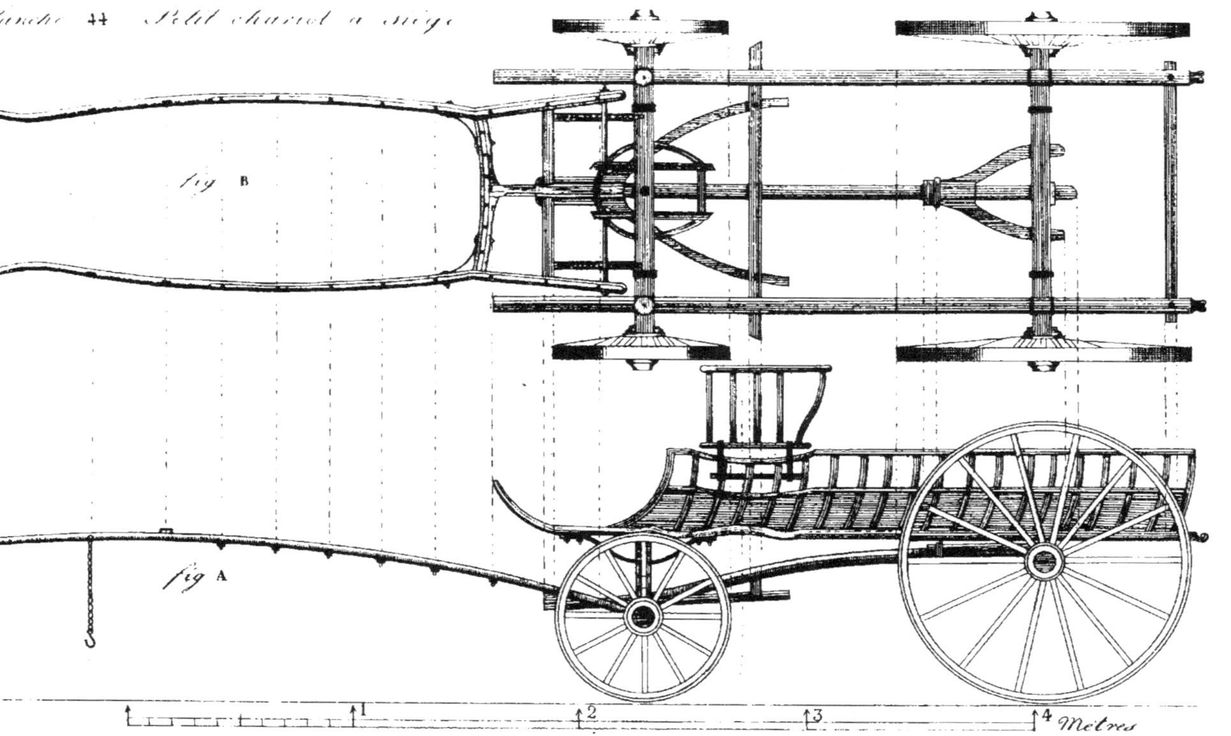

planche 44   Petit chariot à siège
fig B
fig A
1
2
3
4 Mètres

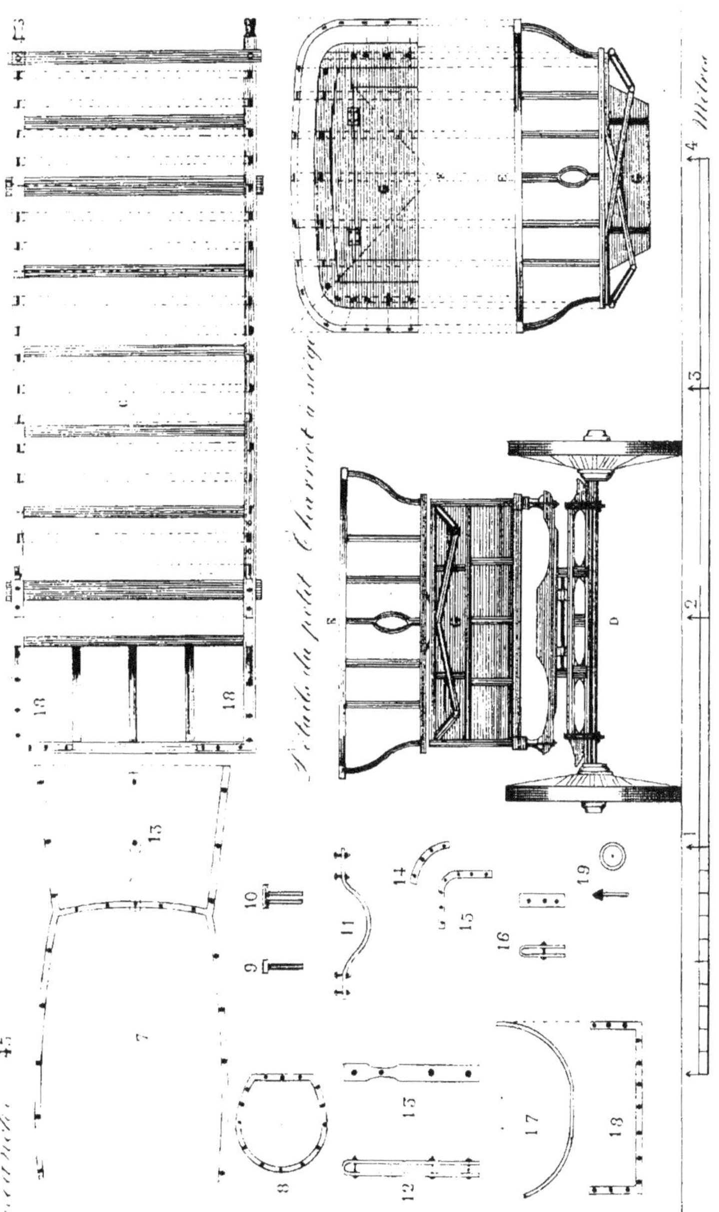

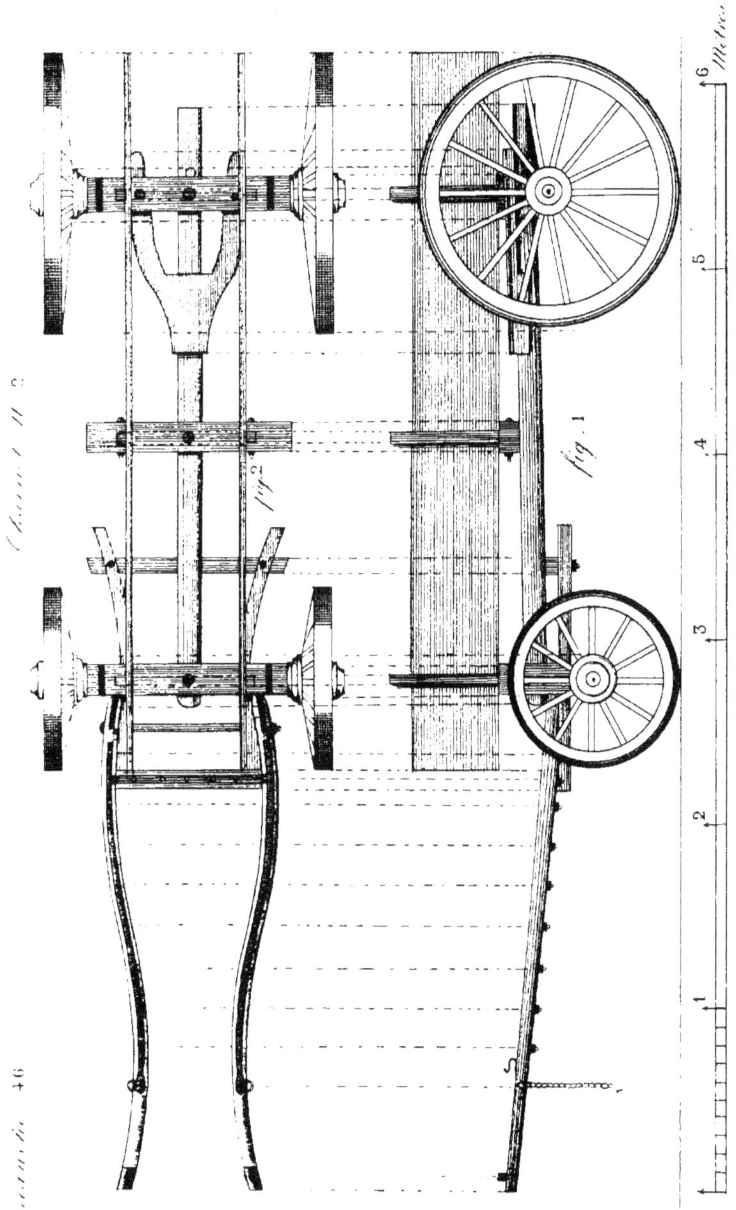

fig. 2
fig. 1
Métres
1 2 3 4 5 6

planche 47
Chariot n° 3
4 Mètres

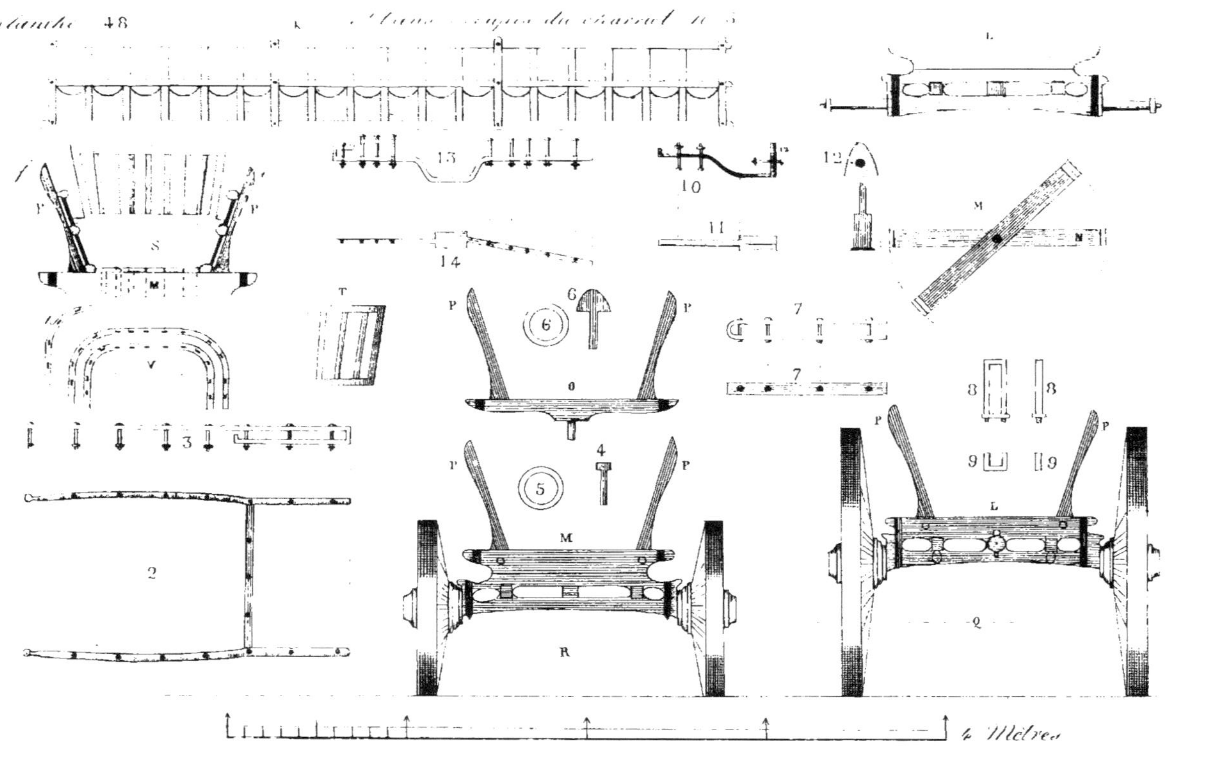

planche 48
4 Mètres

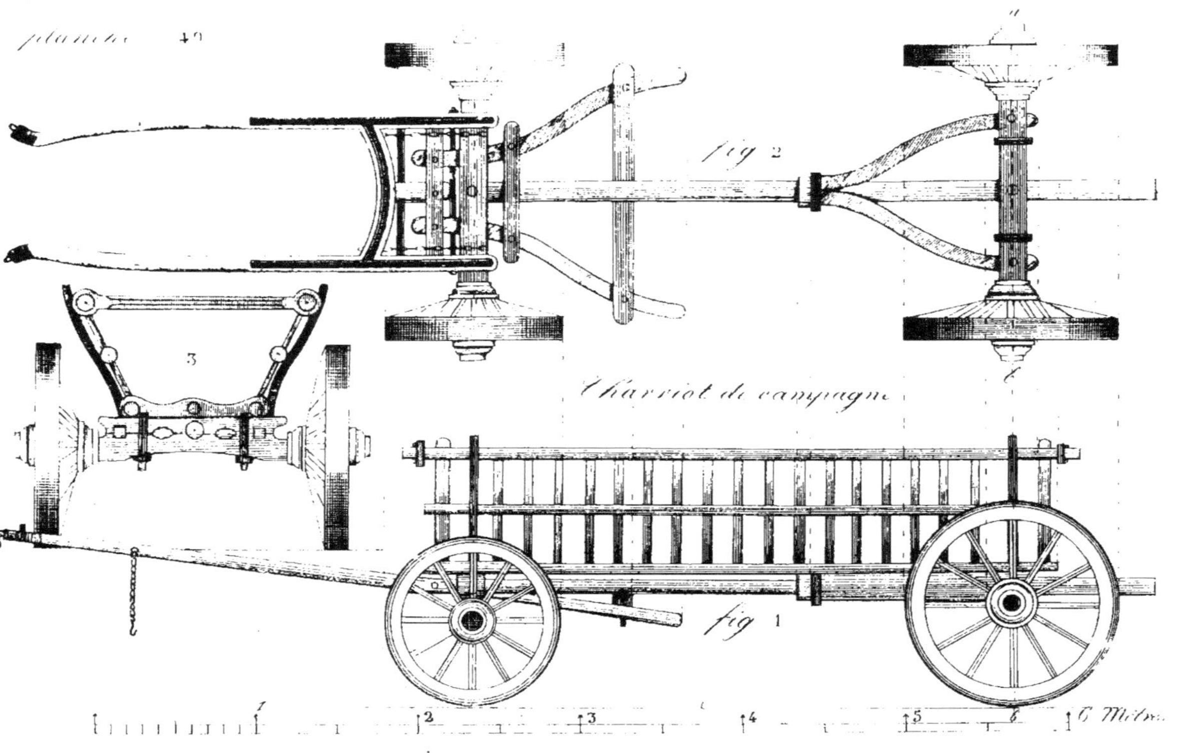

planche 40
fig 2
fig 1
Charriot de campagne
3
1 2 3 4 5 6 Mètres

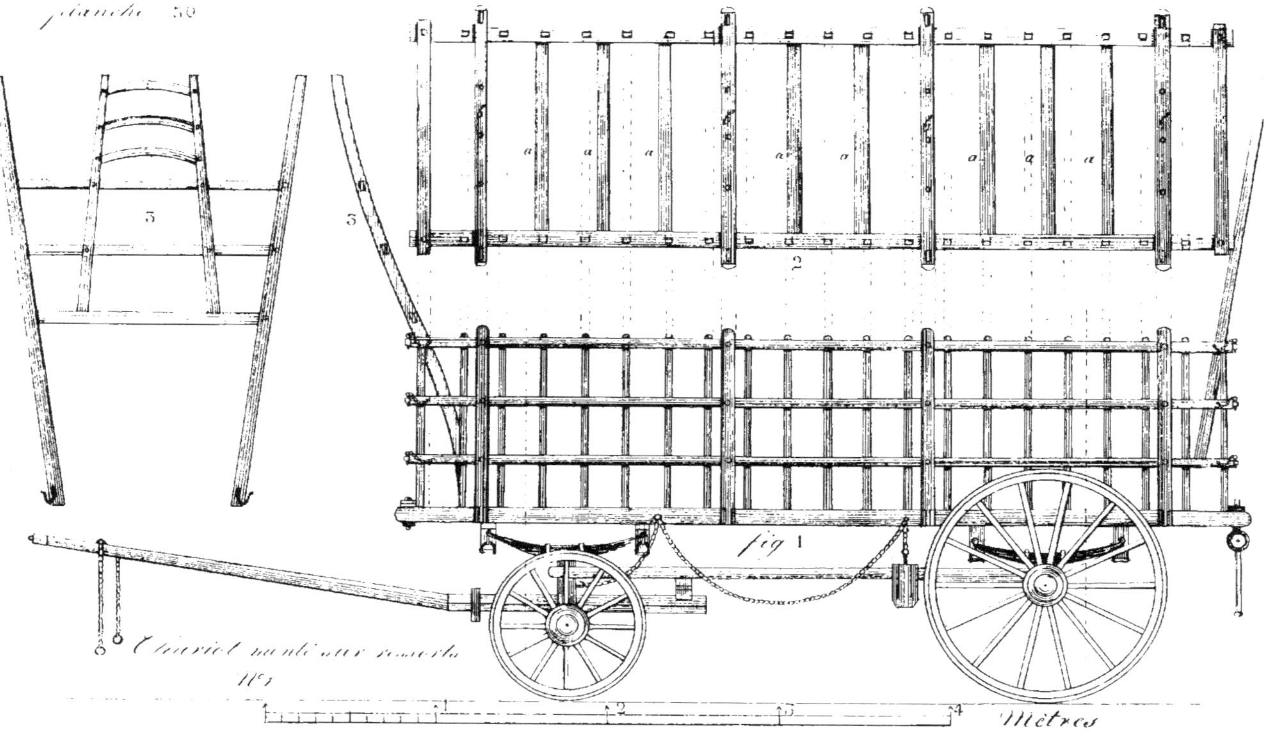
planche 50
3
3
a a a a a a a a
2
fig 1
Chariot monté sur ressorts
N°1
1 2 3 4
Mètres

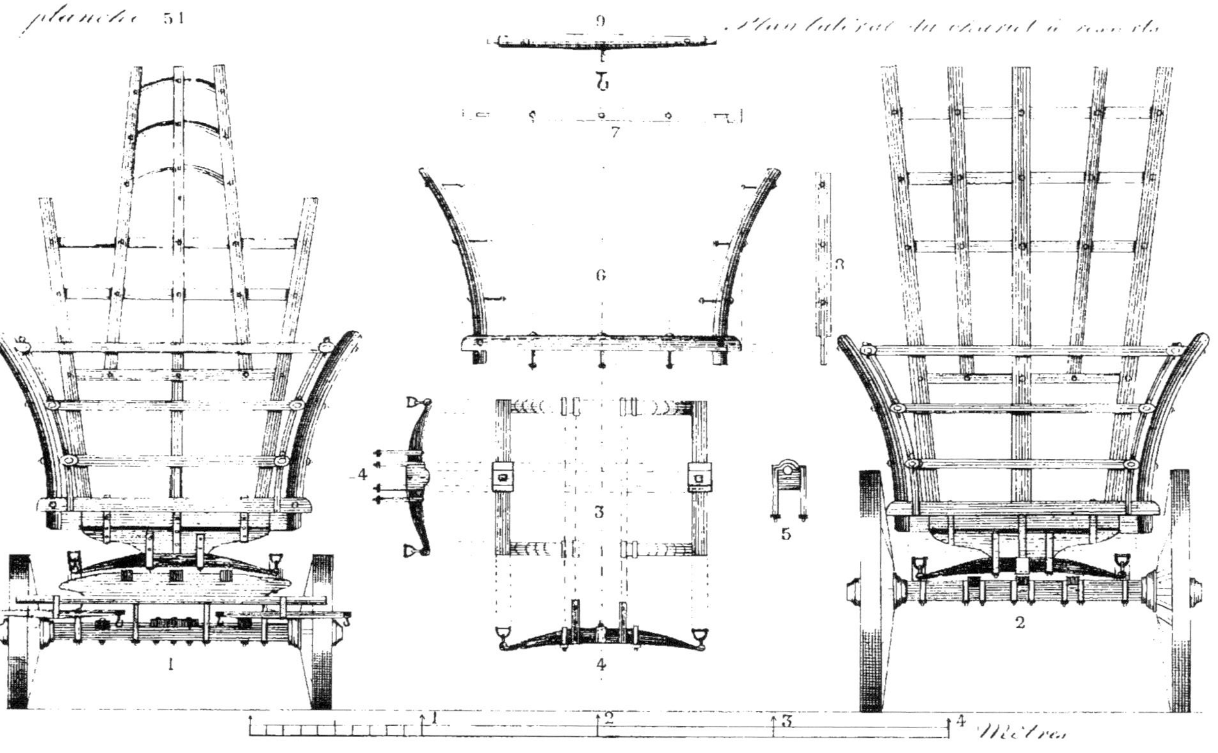
planche 51
Plan latéral du chariot à ...
9
7
6
3
5
4
1
2
4
1 2 3 4 Mètres

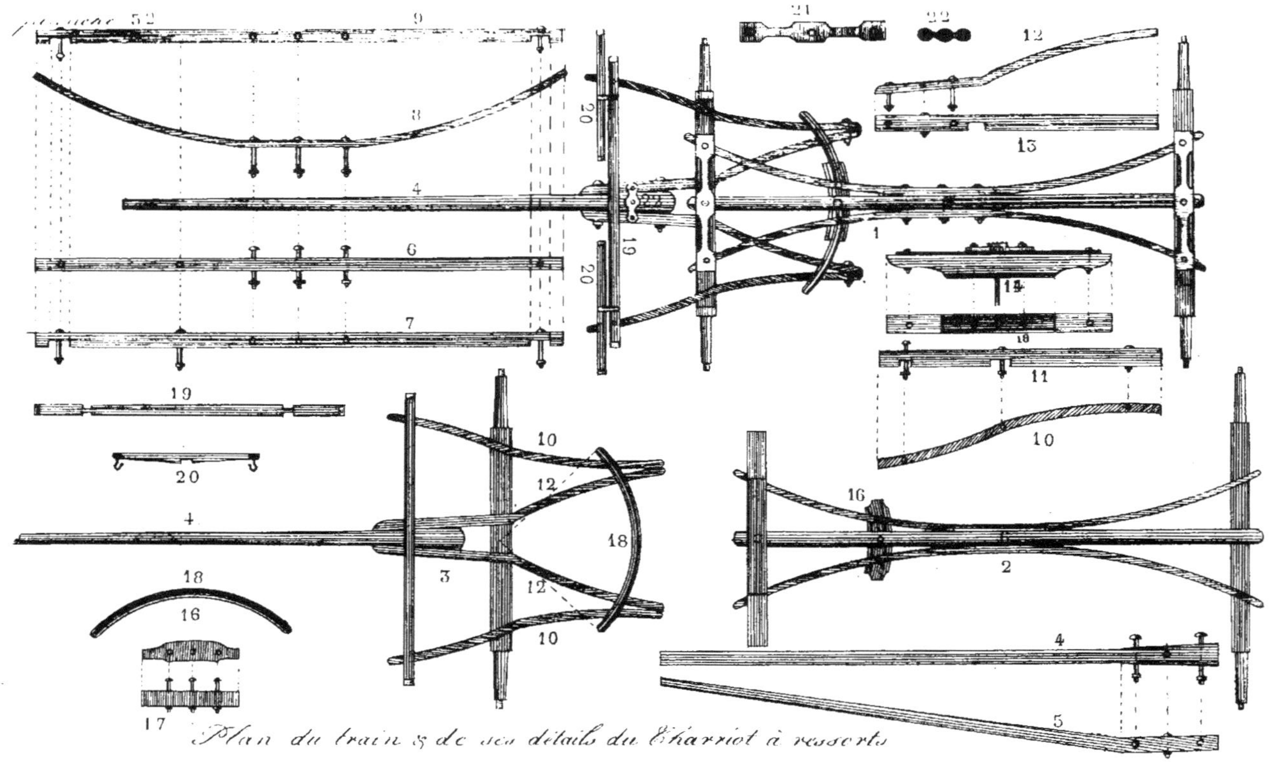

Plan du train 5 de ses détails du Charriot à ressorts

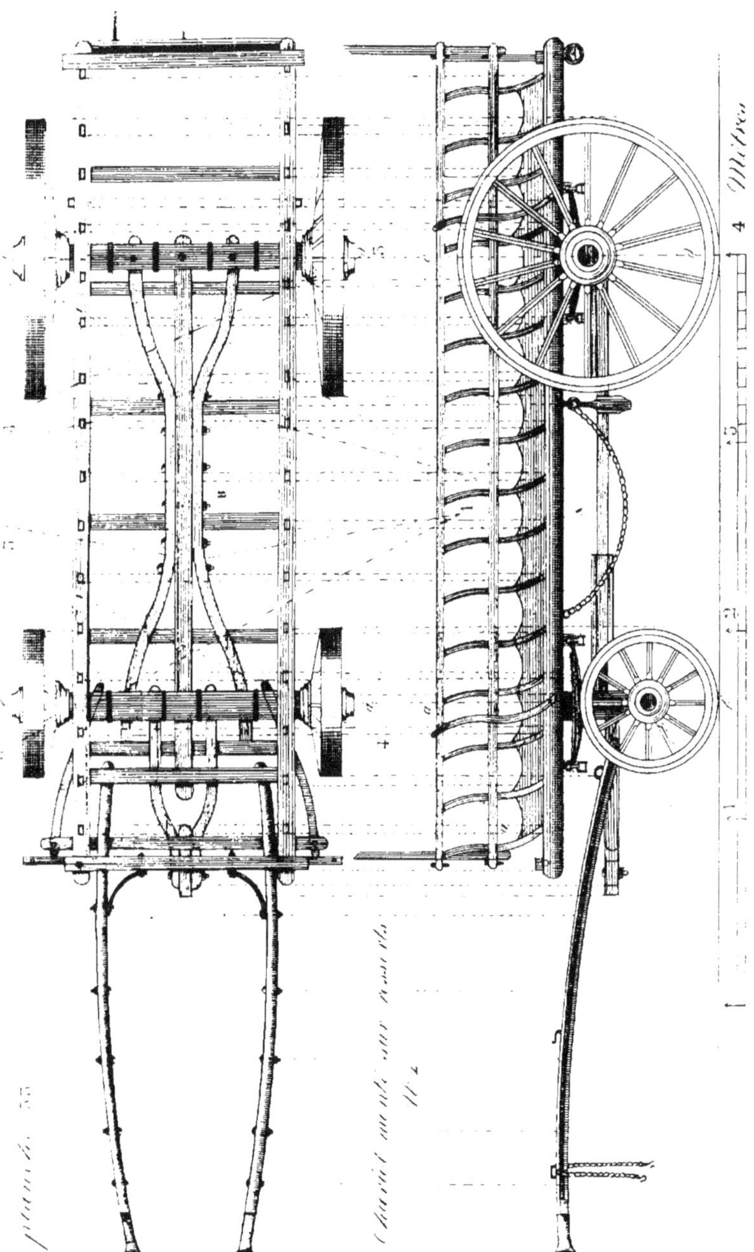

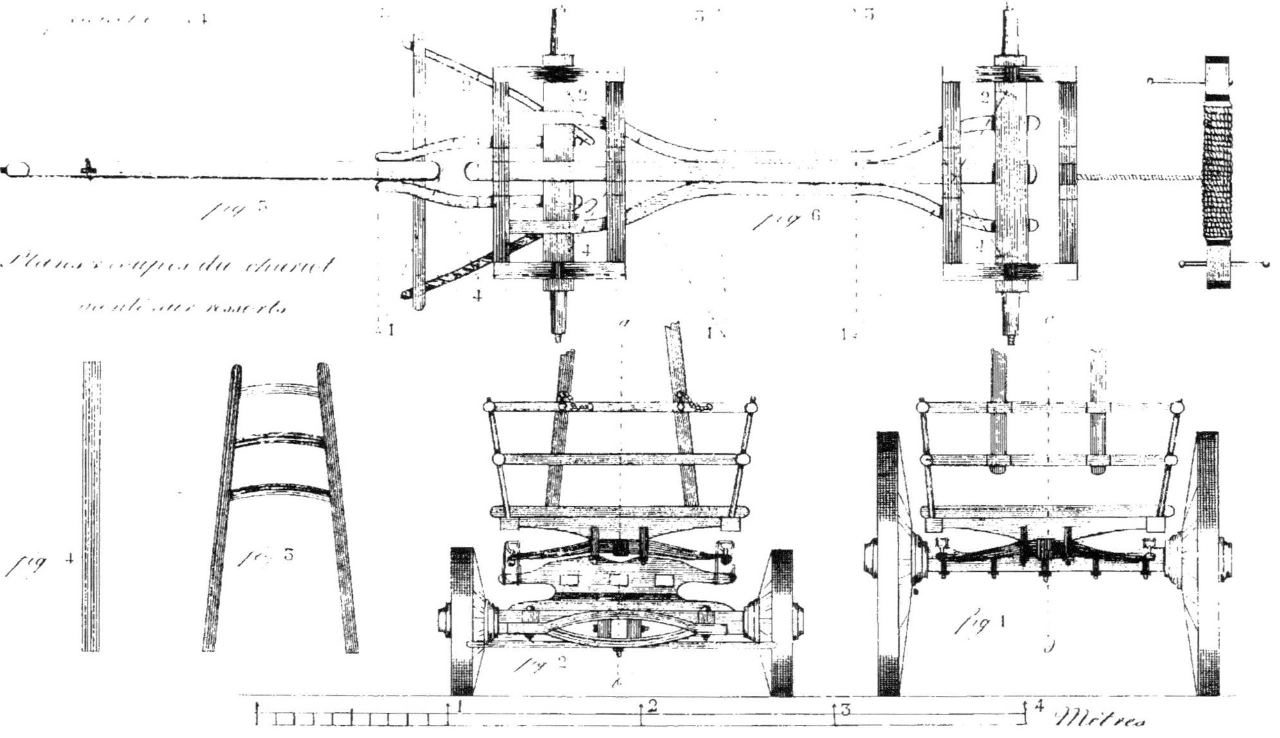

Plans coupes du chariot
monté sur ressorts
fig. 1
fig. 2
fig. 3
fig. 4
fig. 5
fig. 6
Mètres

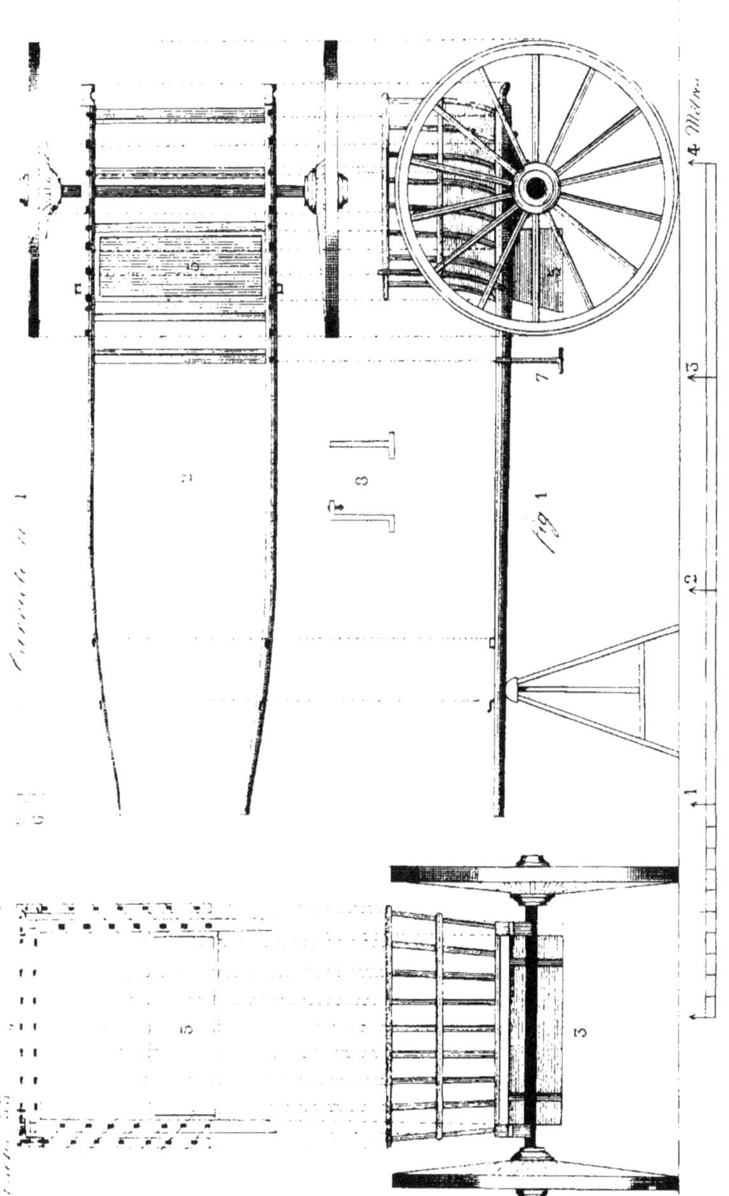

fig 1
fig 3
4 Metres

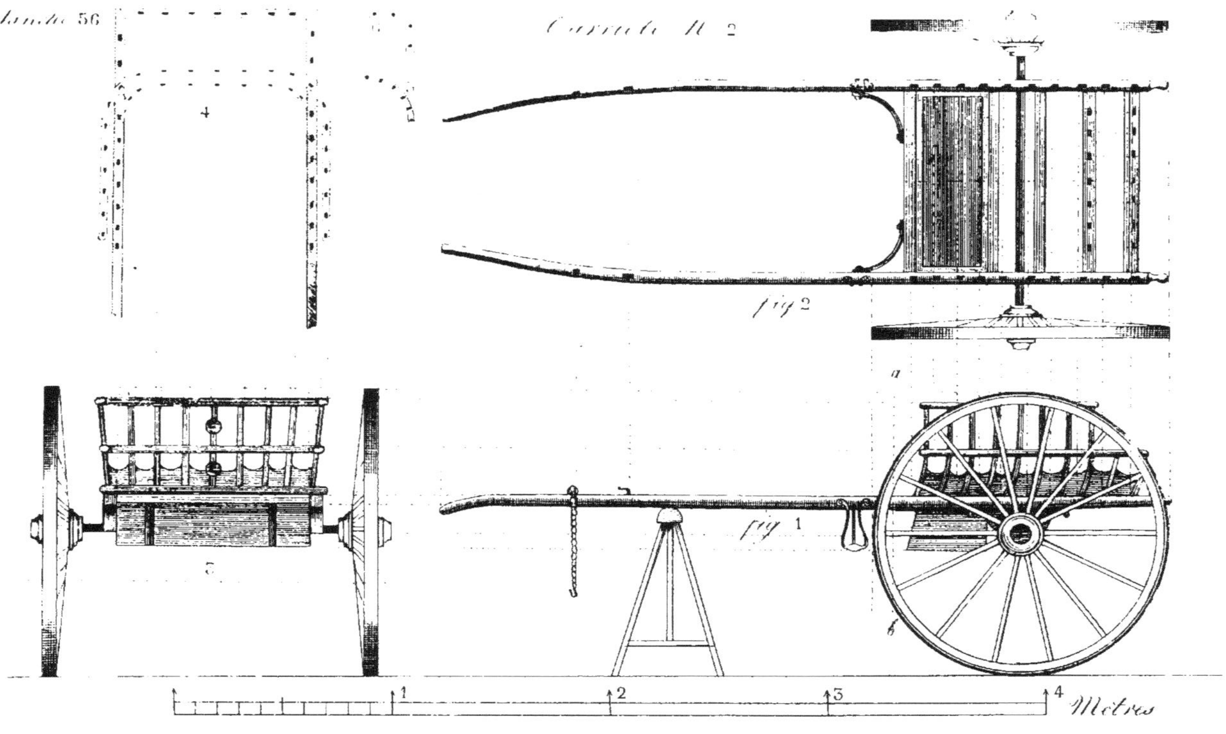
Planche 56
Corbeille N° 2
fig 2
fig 1
Mètres

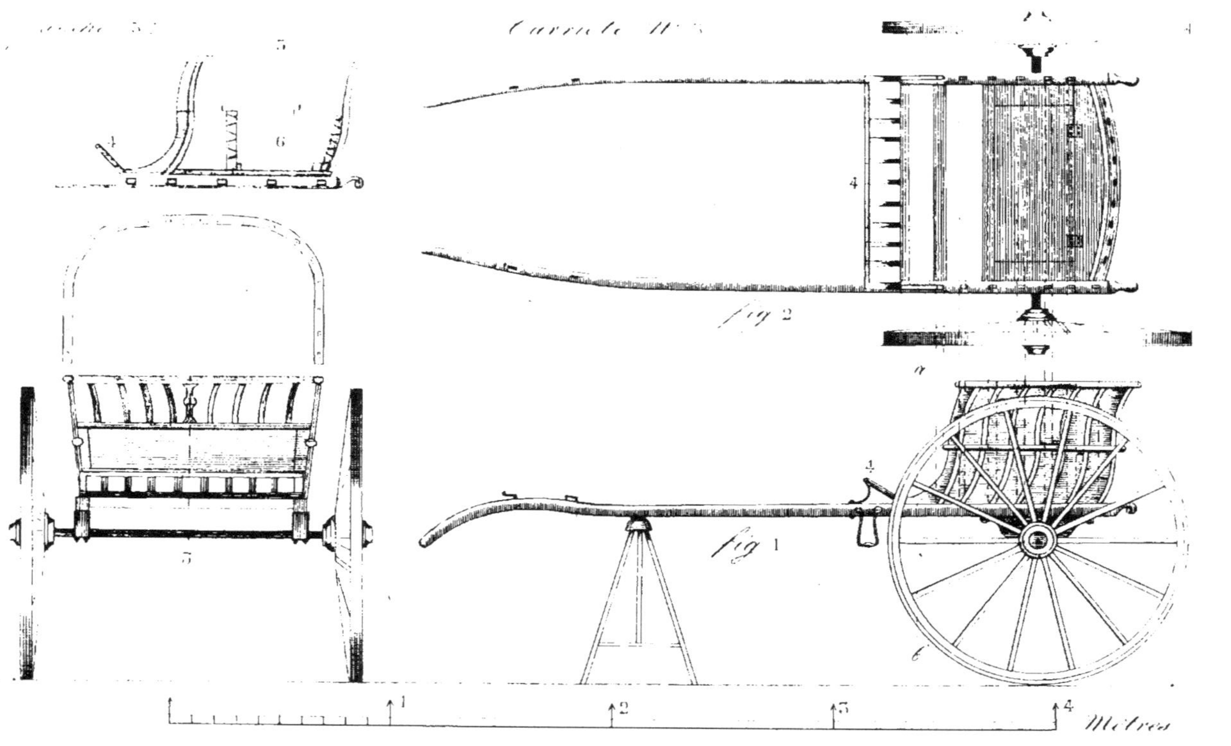

Carrosserie
fig 2
fig 1
Mètres

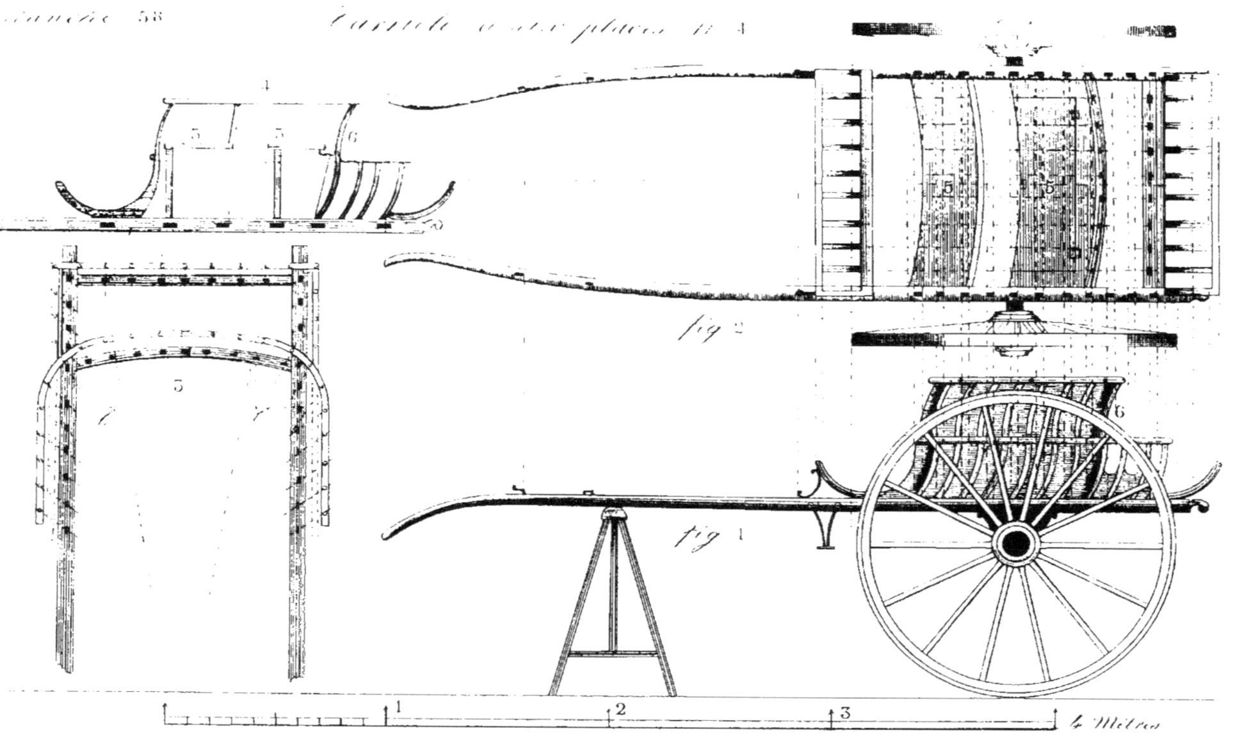

Planche 58
Carriole à deux places N° 4
fig 1
fig 2
1   2   3   4 Mètres

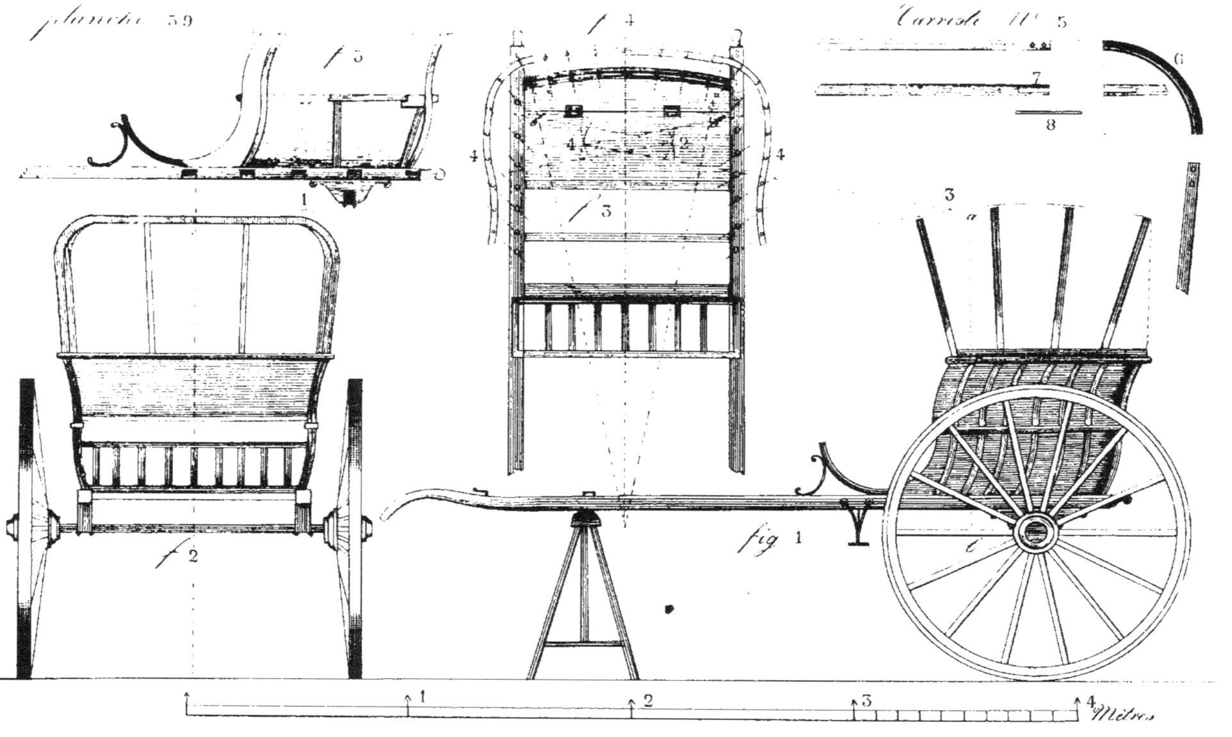

planche 59
Carriole n.° 5
fig. 1
Mètres

Carriole montée sur [illegible] 6

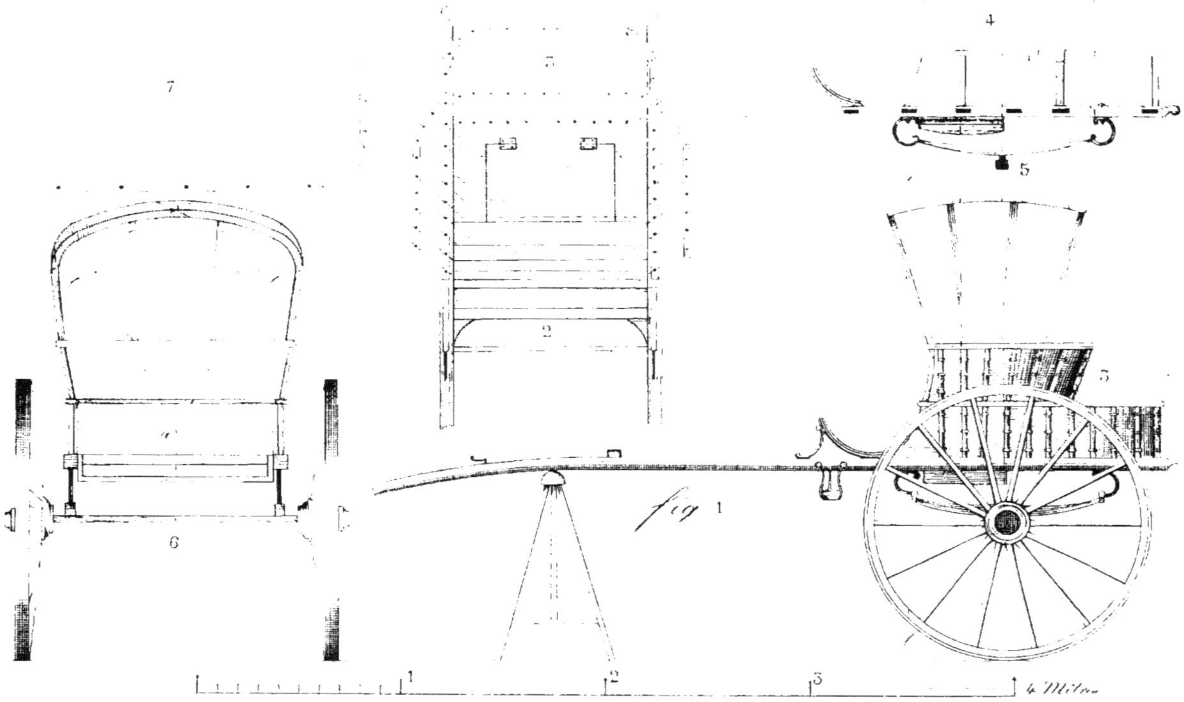

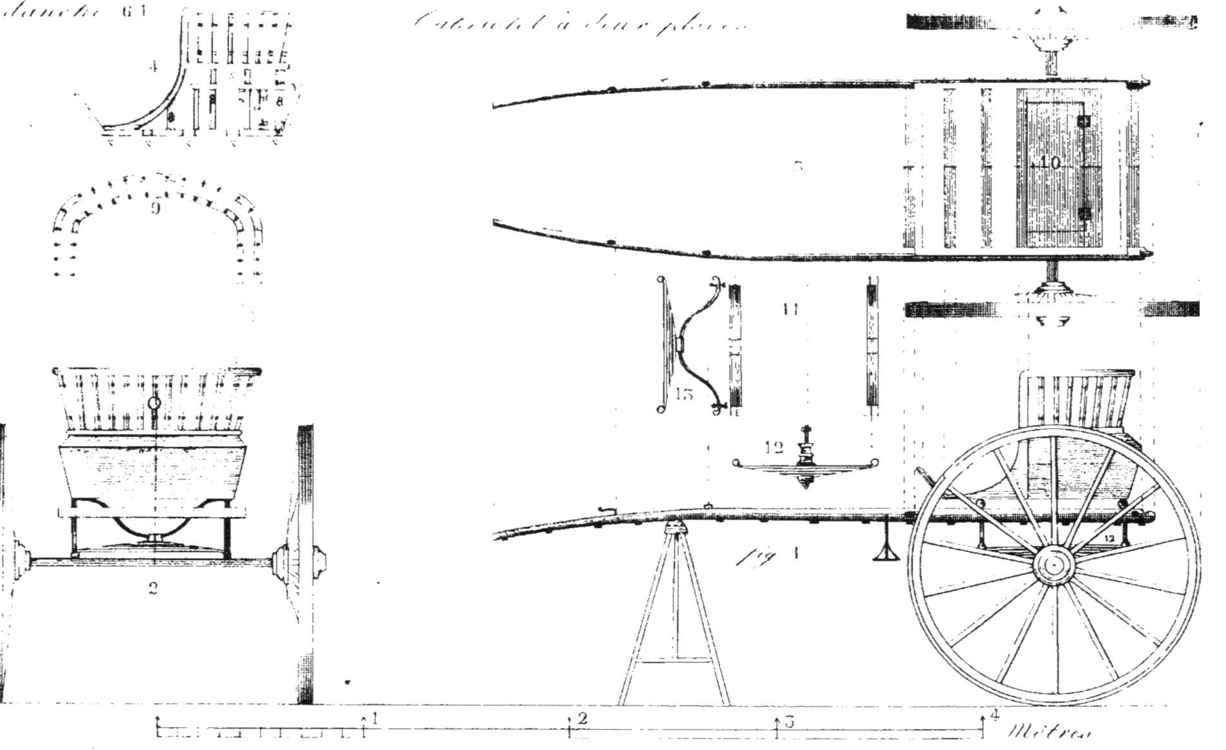

planche 61
Cabriolet à deux places
Fig 1
Mêtres
1 2 3 4

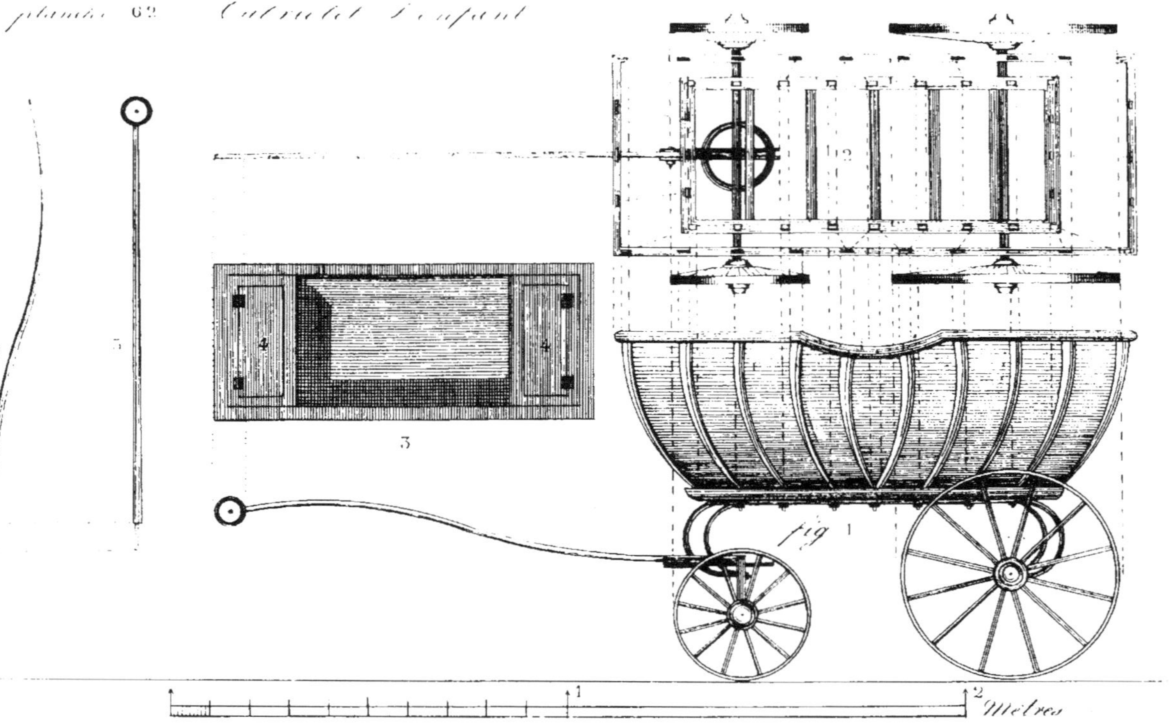

fig 1
Mètres

planche 63

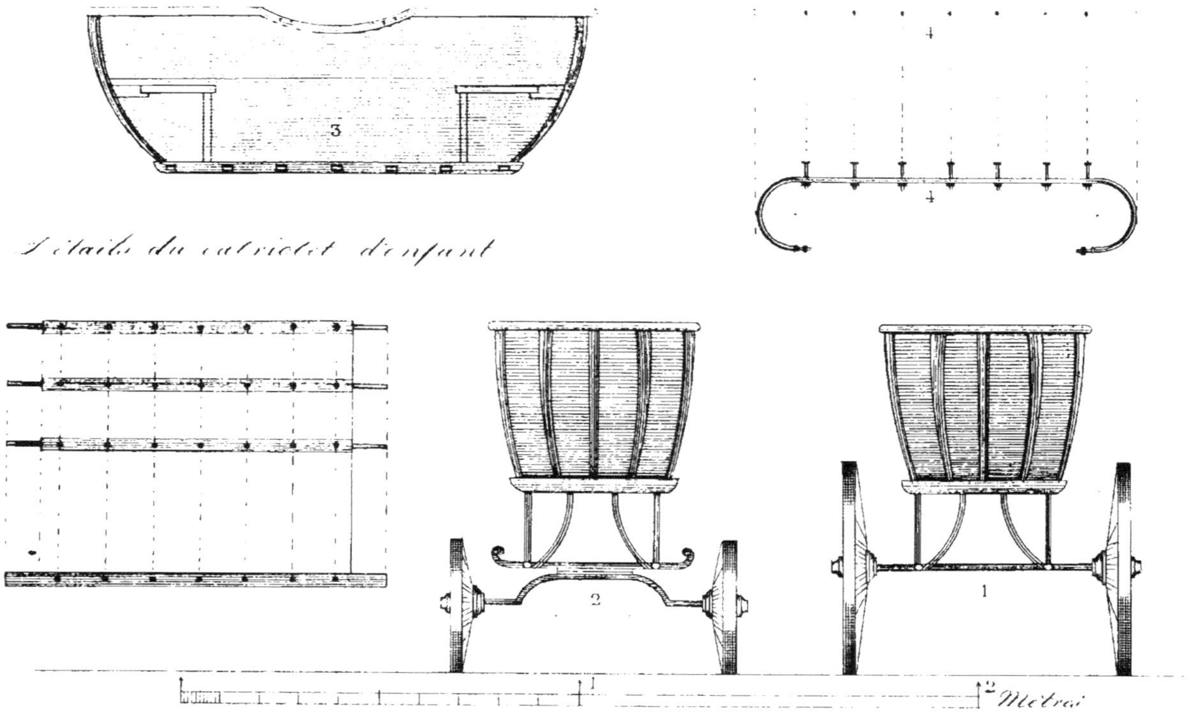

Détails du cabriolet d'enfant

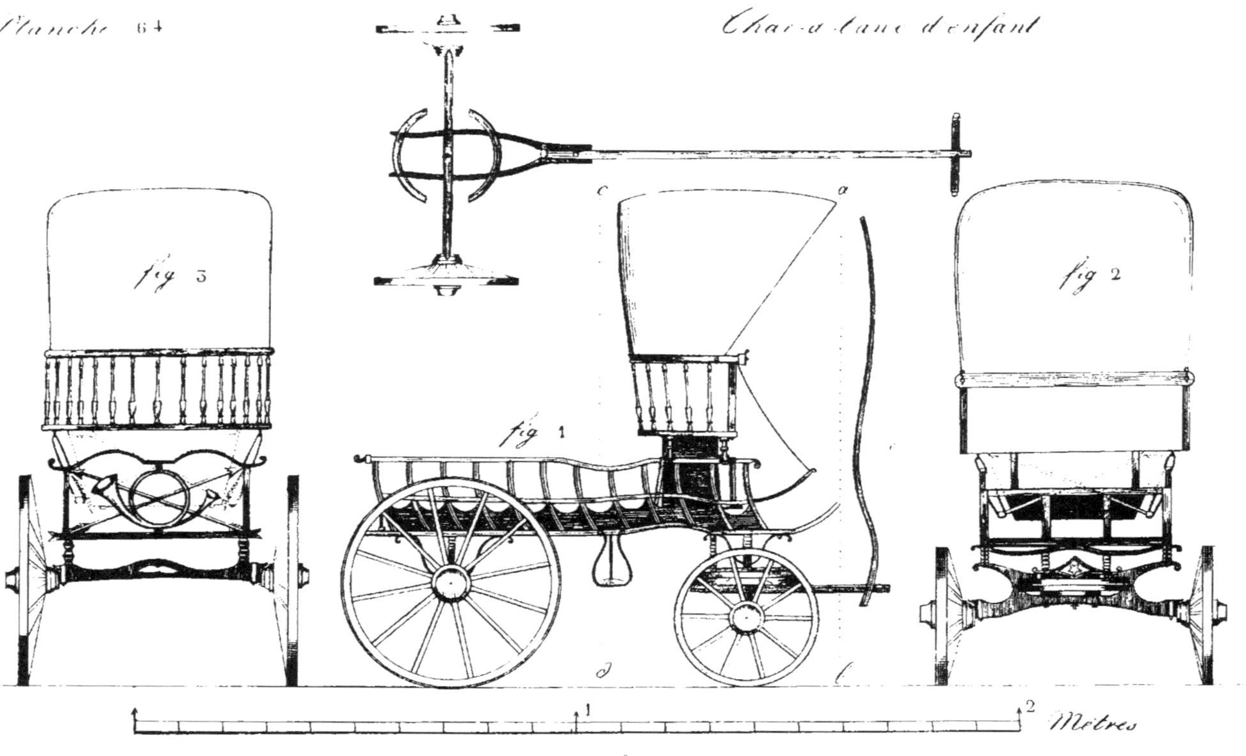

Planche 64
Char-a-banc d'enfant
fig 3
fig 1
fig 2
c
a
1
2 Metres

A
Mètres

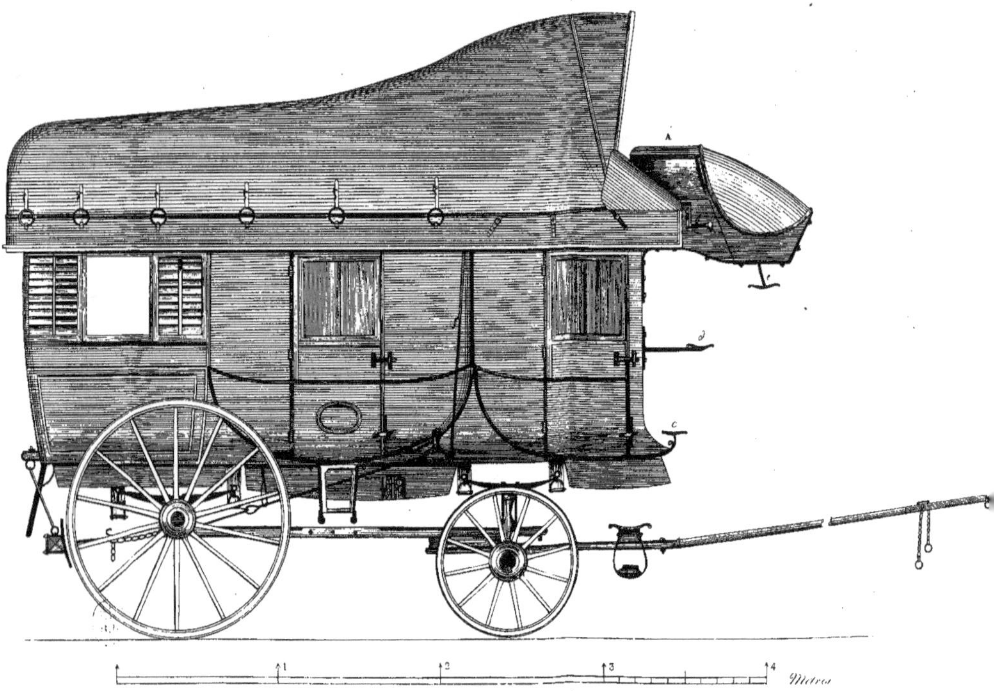

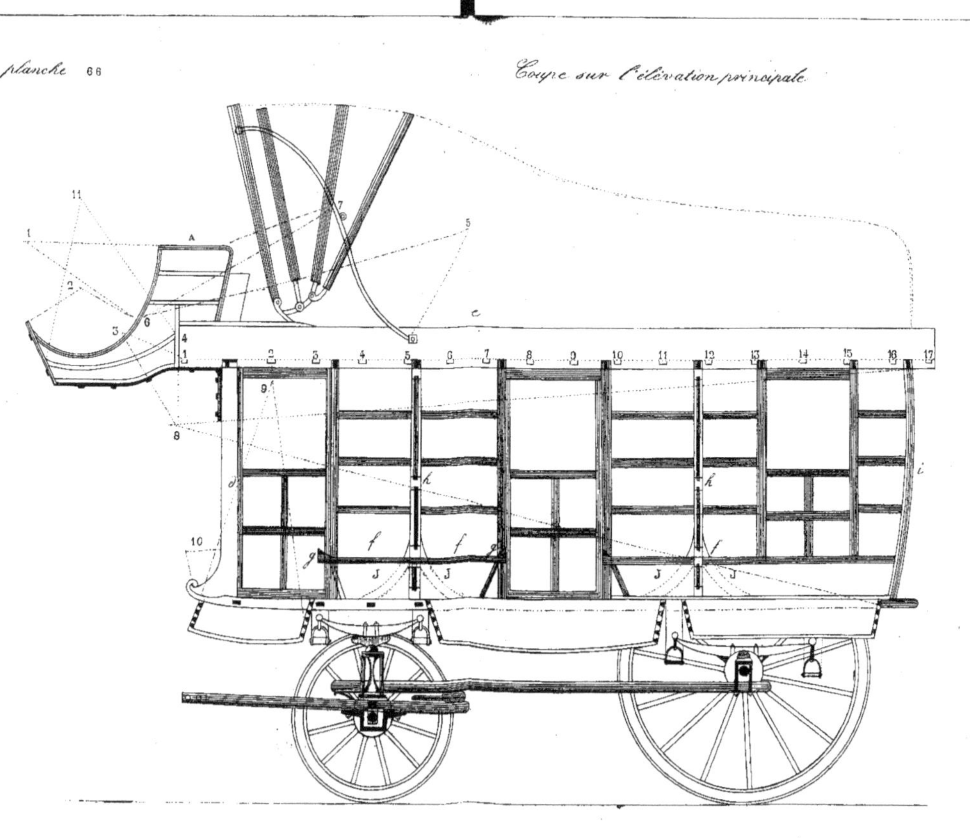
11
1
2
3
6
A
7
5
4
8
9
e
1 2 3 4 5 6 7 8 9 10 11 12 13 14 15 16 17
g
h
h
i
f f f
10
g
J J J J

planche [illegible]
[illegible]
Fig. 1
4
3
2
1

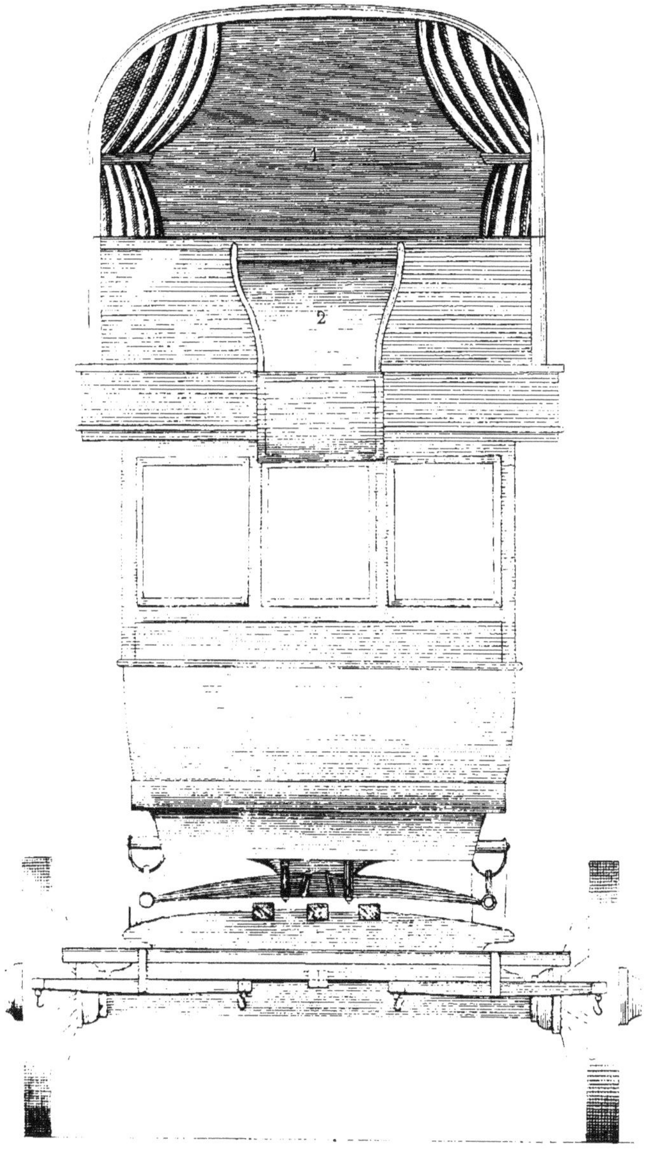

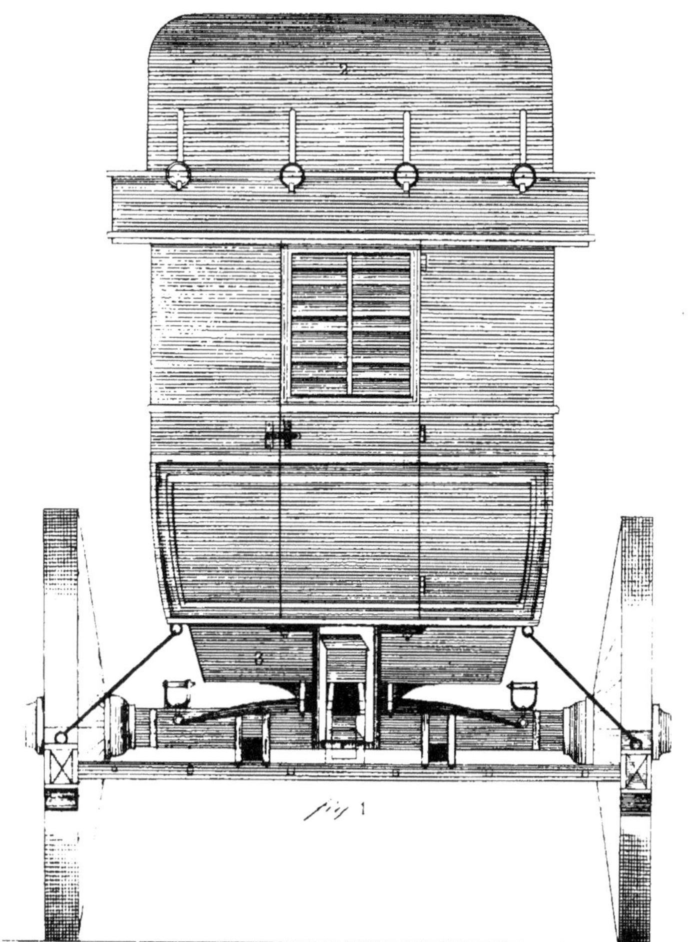

fig. 1

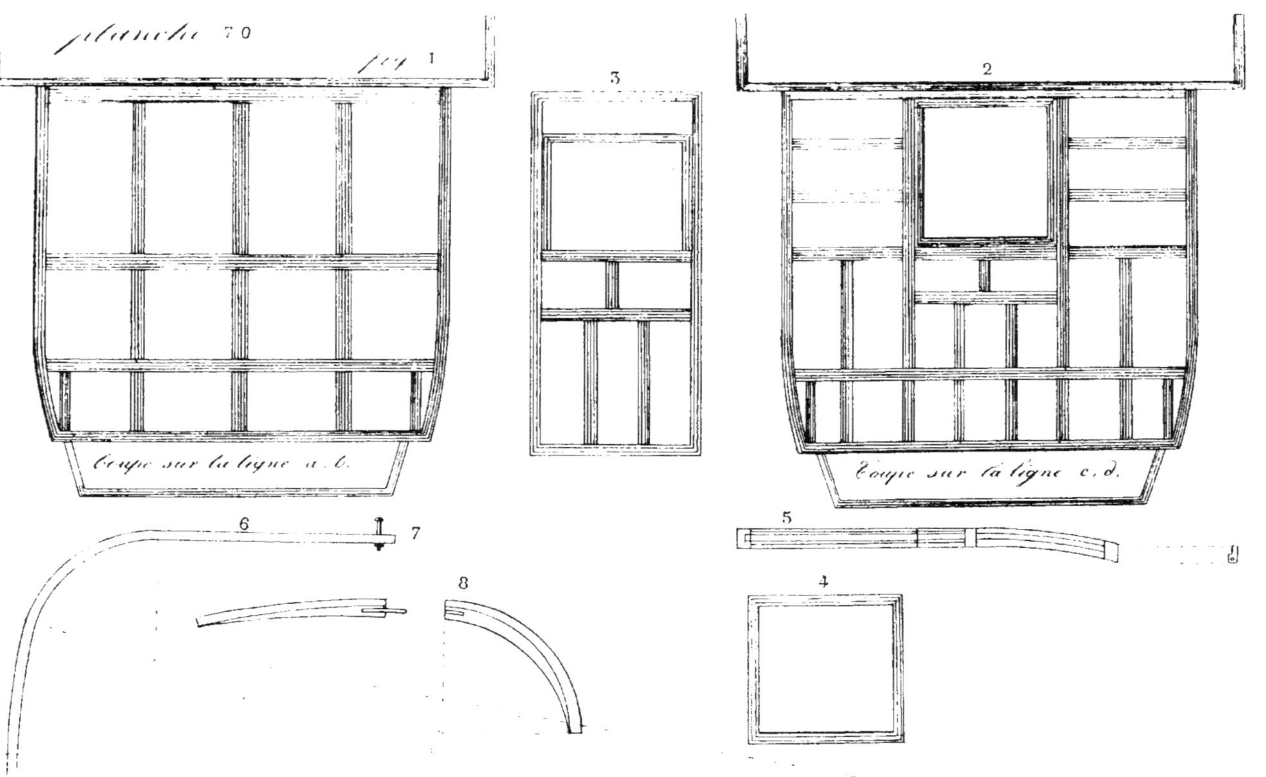
Planche 70
Fig. 1
Coupe sur la ligne a. b.
2
Coupe sur la ligne c. d.
3
5
4
6
7
8

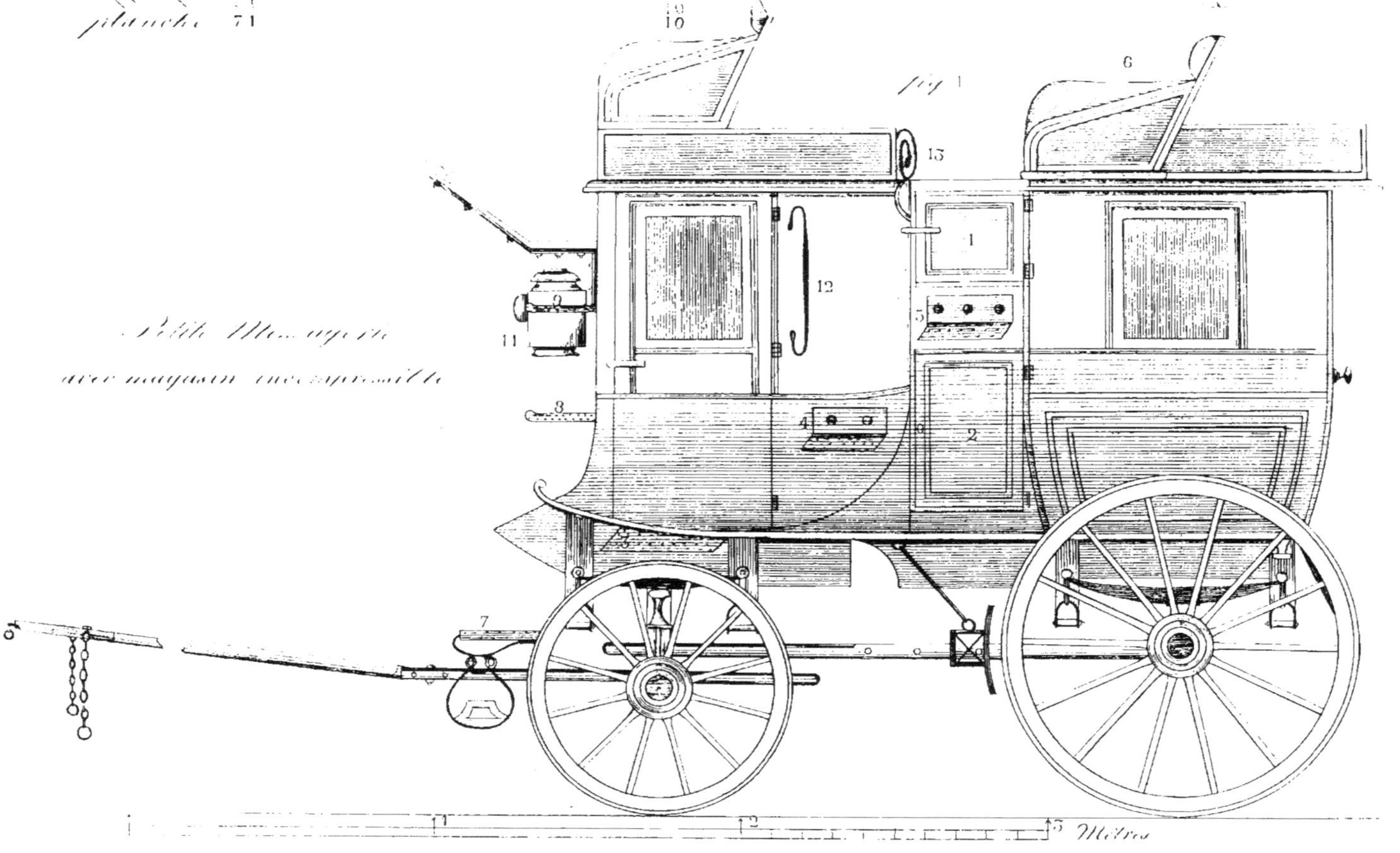

planche 71
fig 1
Petit Messagerie
avec magasin incompressible
Mètres

Planche 72
Plan par-terre de l'impériale ou dessus

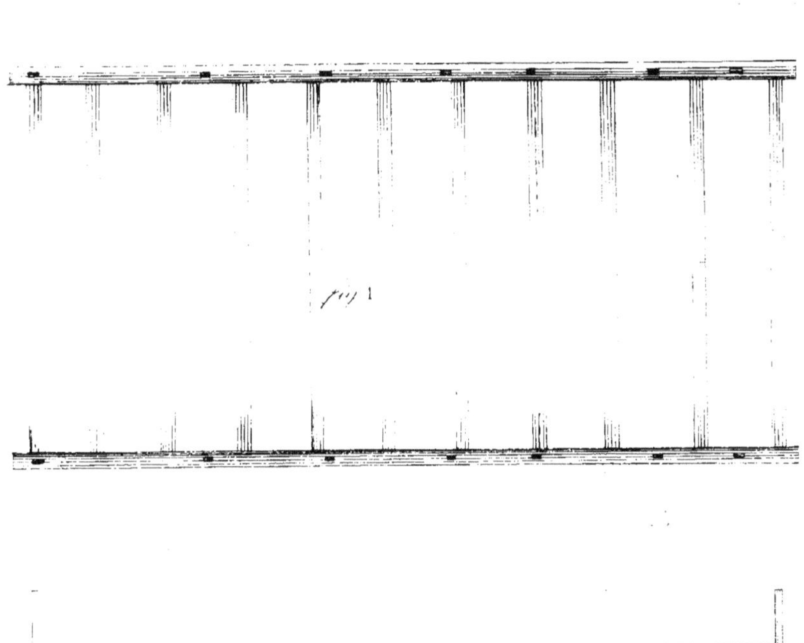
fig 1

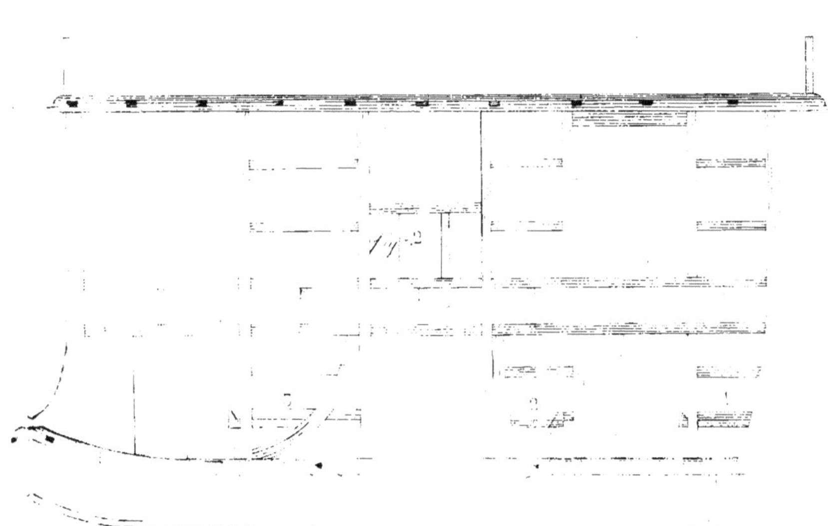
fig 2

Coupe sur l'élévation perpendiculaire

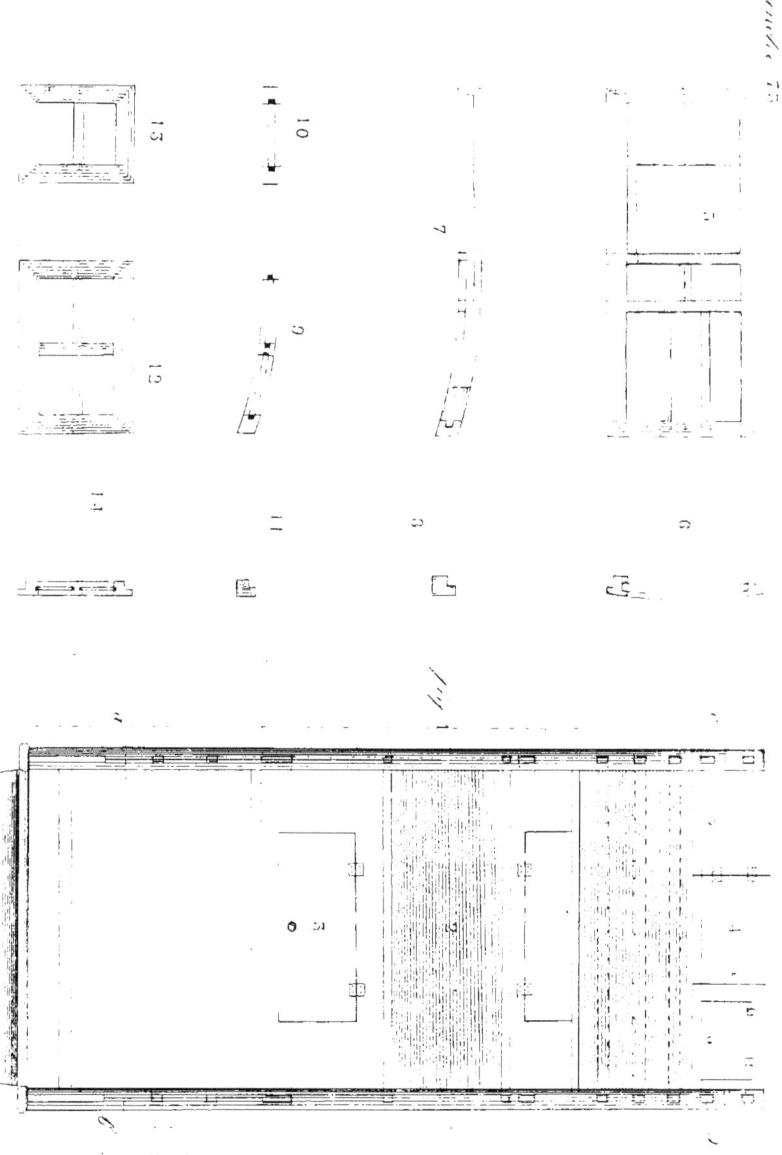

Plan par terre de la caisse

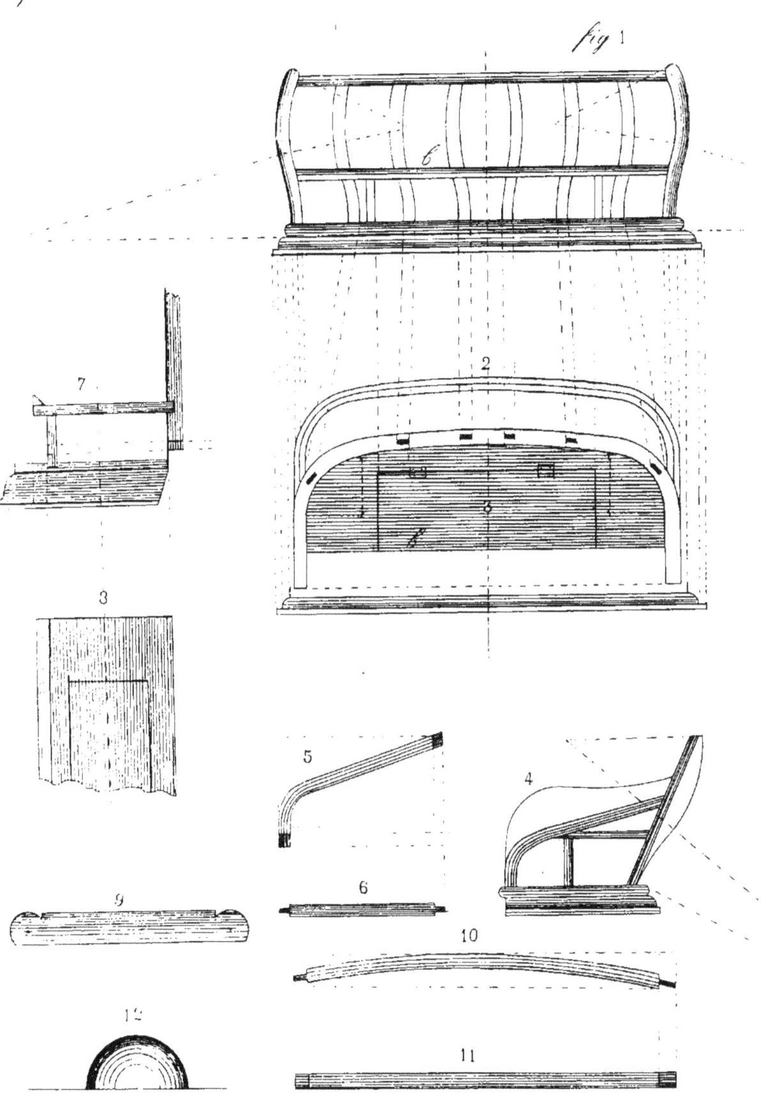
planche 74
fig 1
7
2
3
3
6
5
4
6
9
10
12
11

75   Coupe sur la ligne c.d

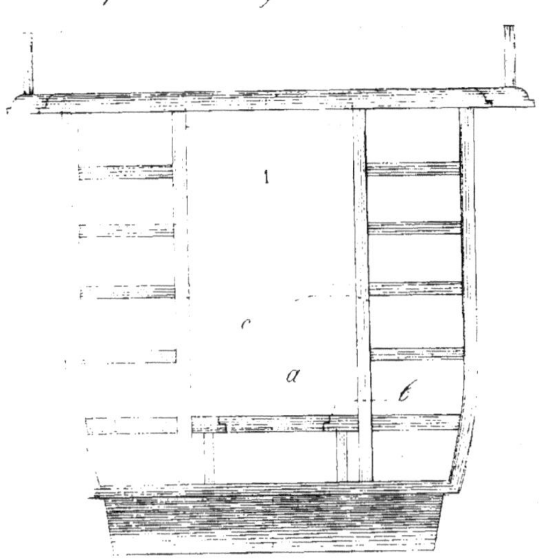

1
c
a   6

Coupe sur sur la ligne a.b.

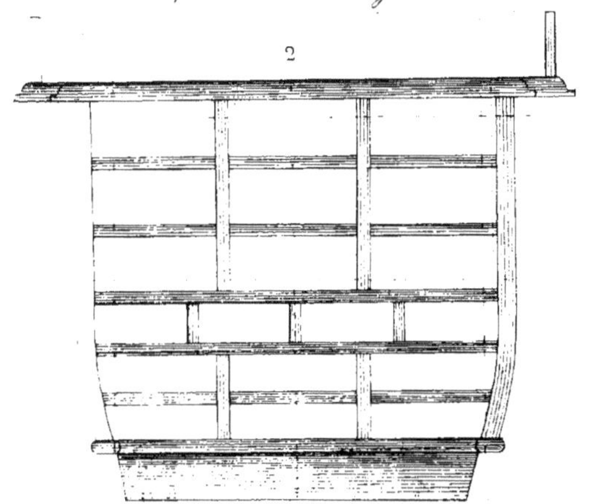

2

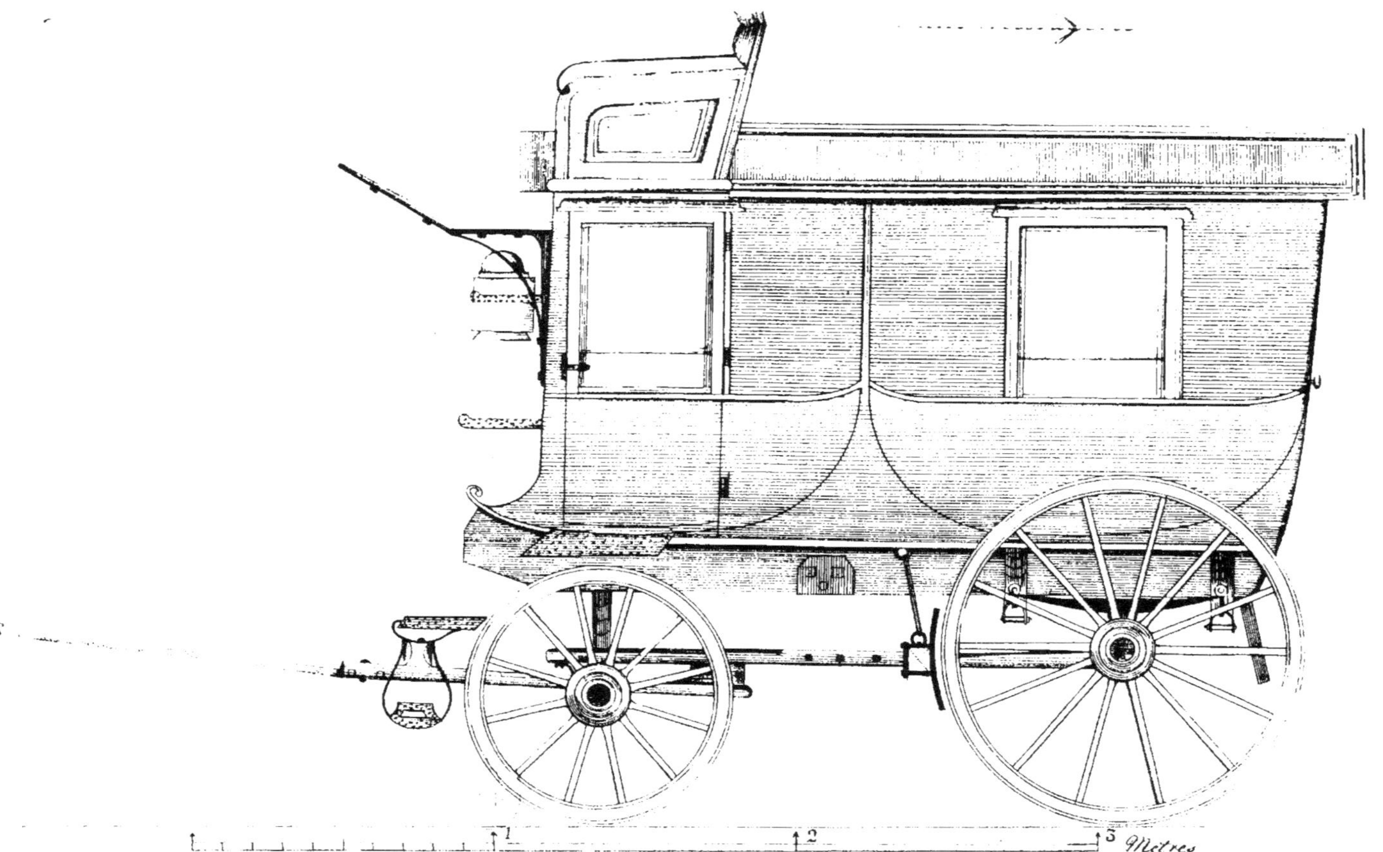

1
2
3 Mètres

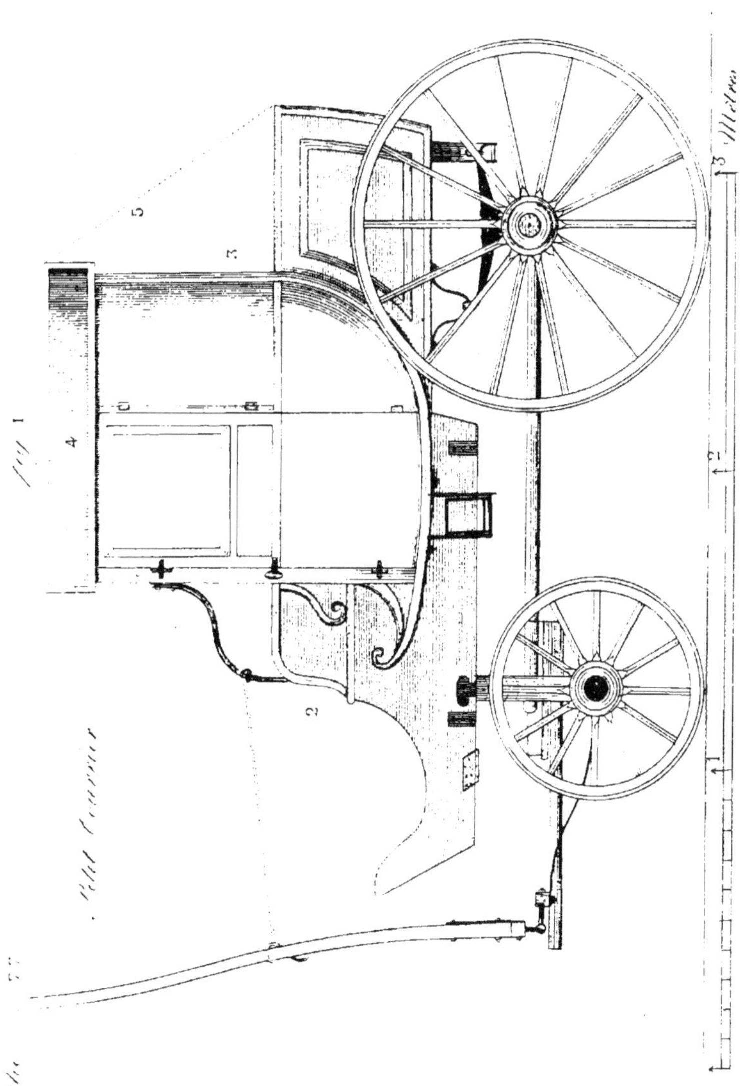
Fig. 1
3 Mètres

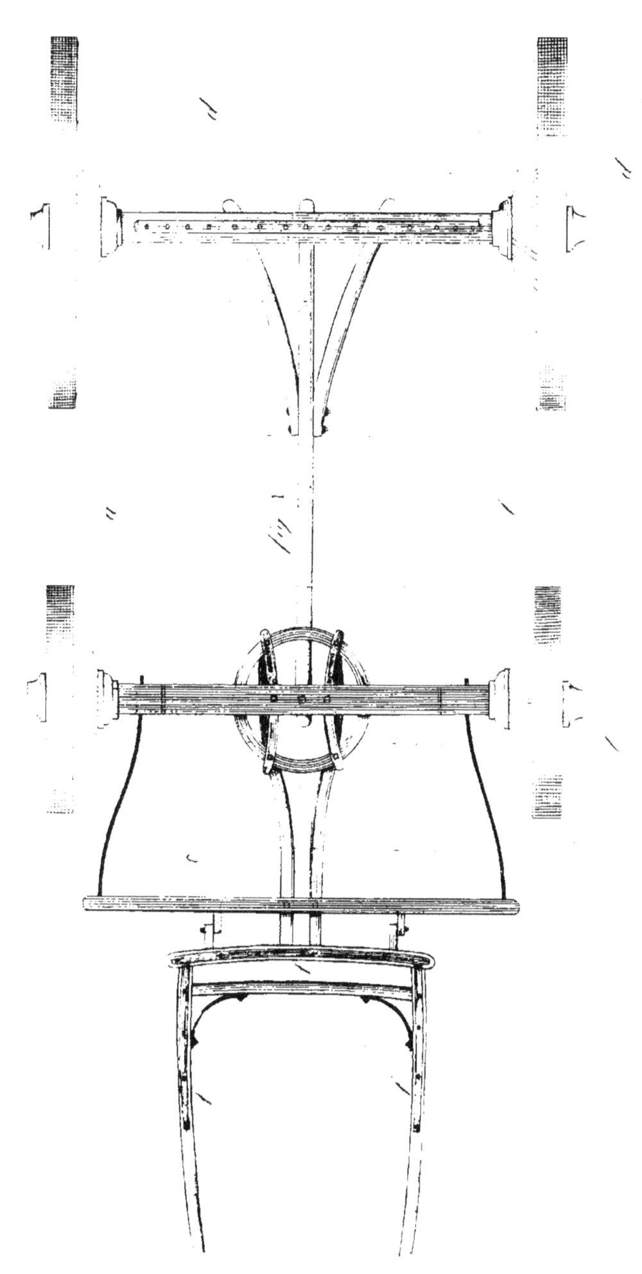

Planche 73.

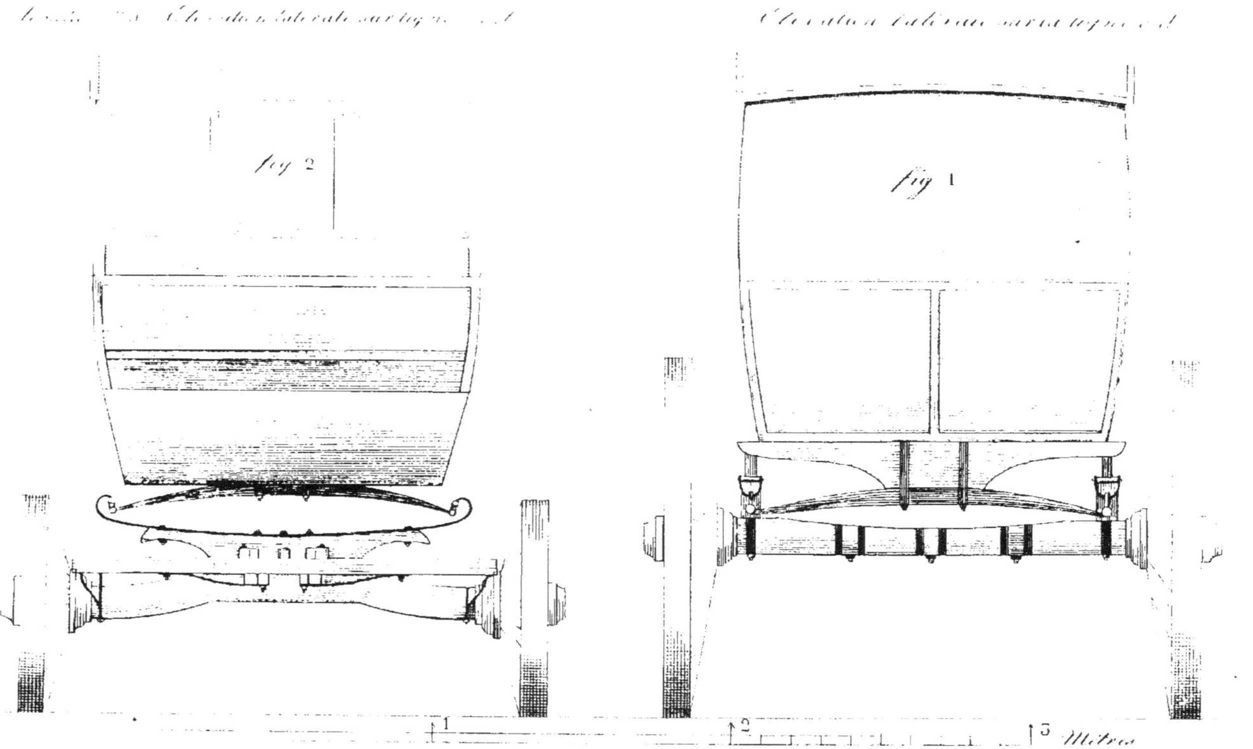

Élévation latérale sur ligne...
fig. 2
Élévation latérale sur la ligne...
fig. 1
1   2   3 Mètres

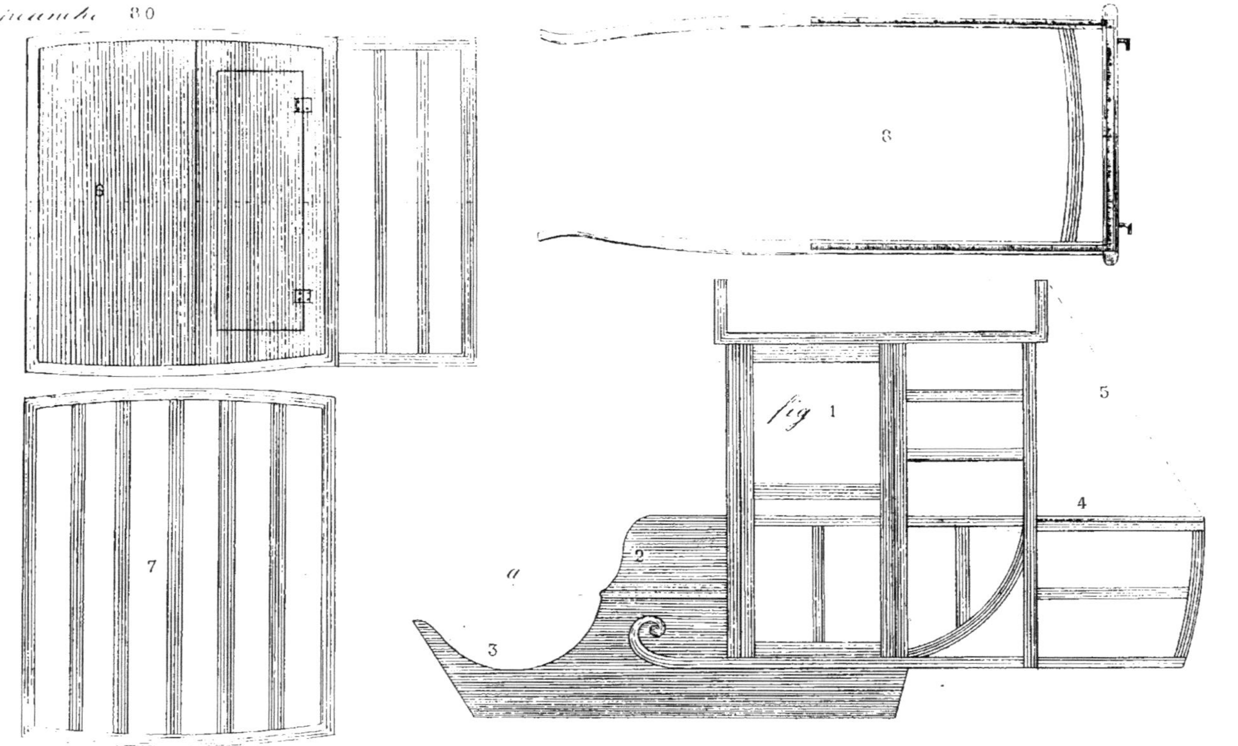
planche 30
fig 1
a
1
2
3
4
5
6
7
8

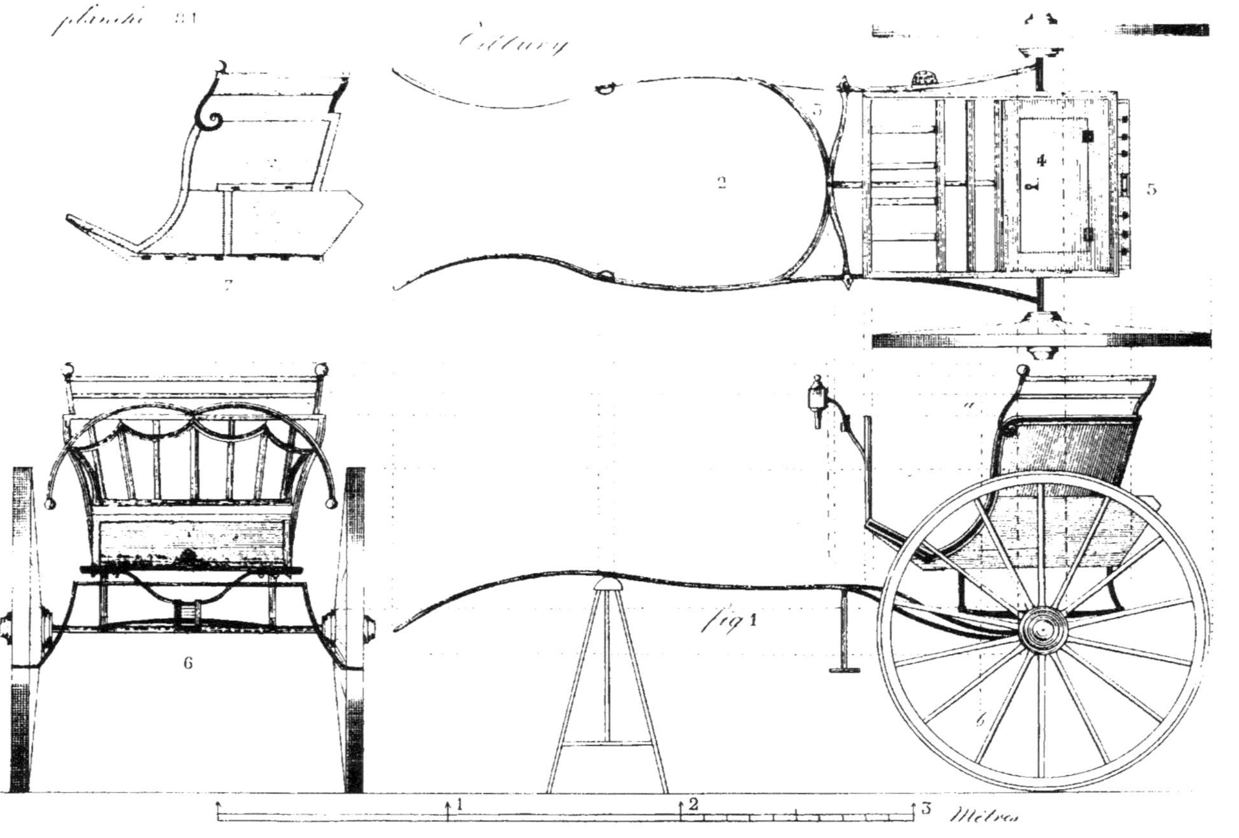

planche 31
Voiture
fig 1
1 2 3 Metres

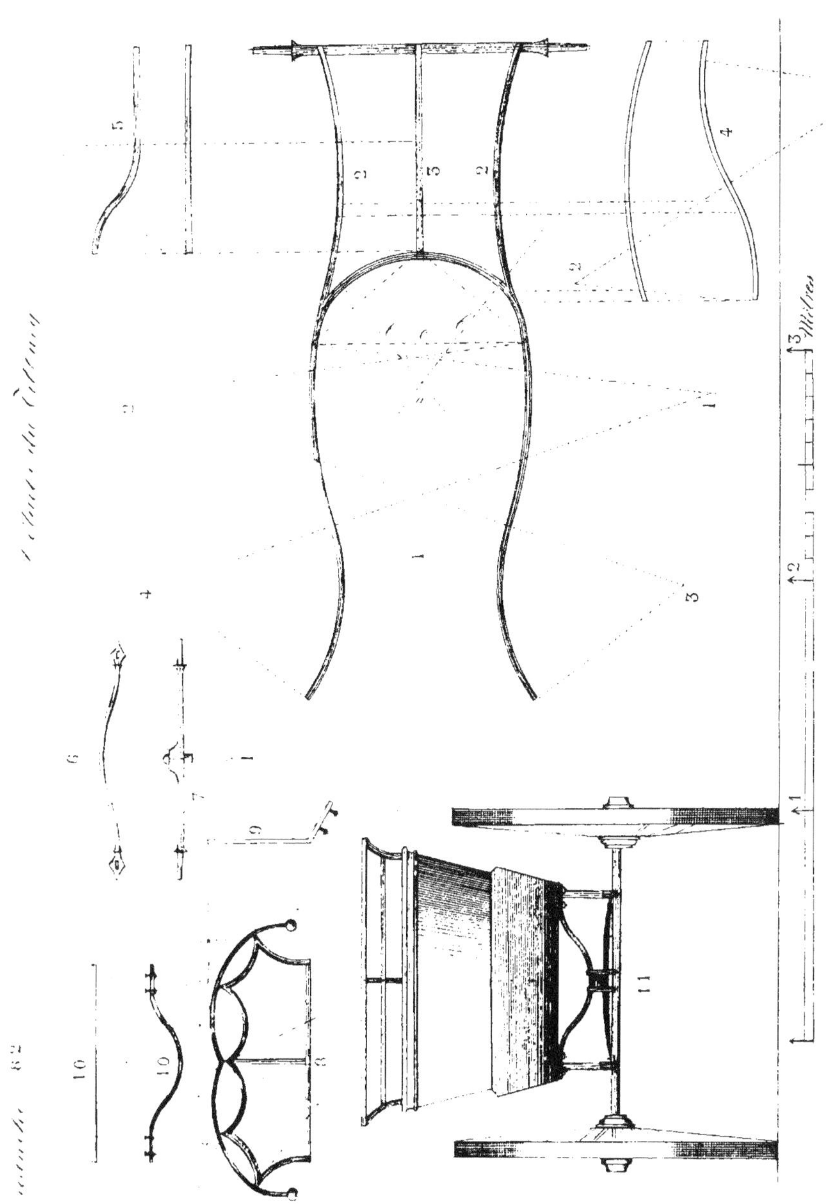

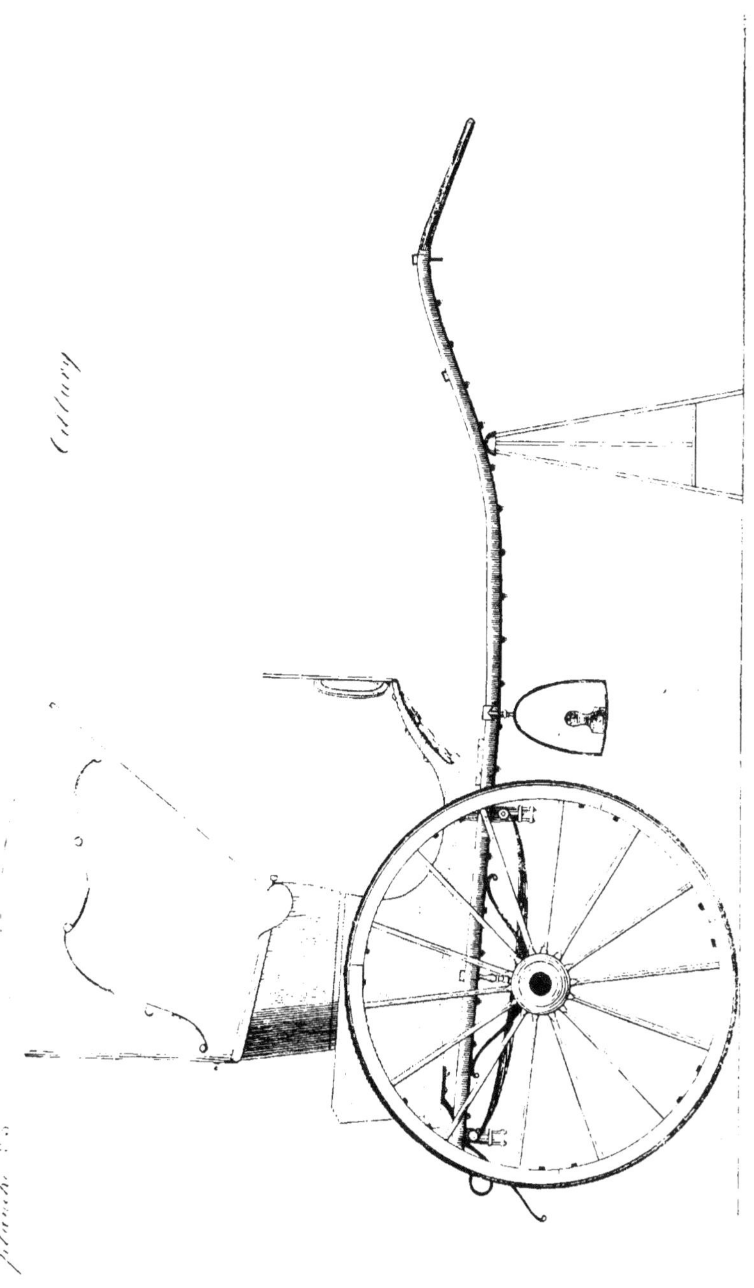

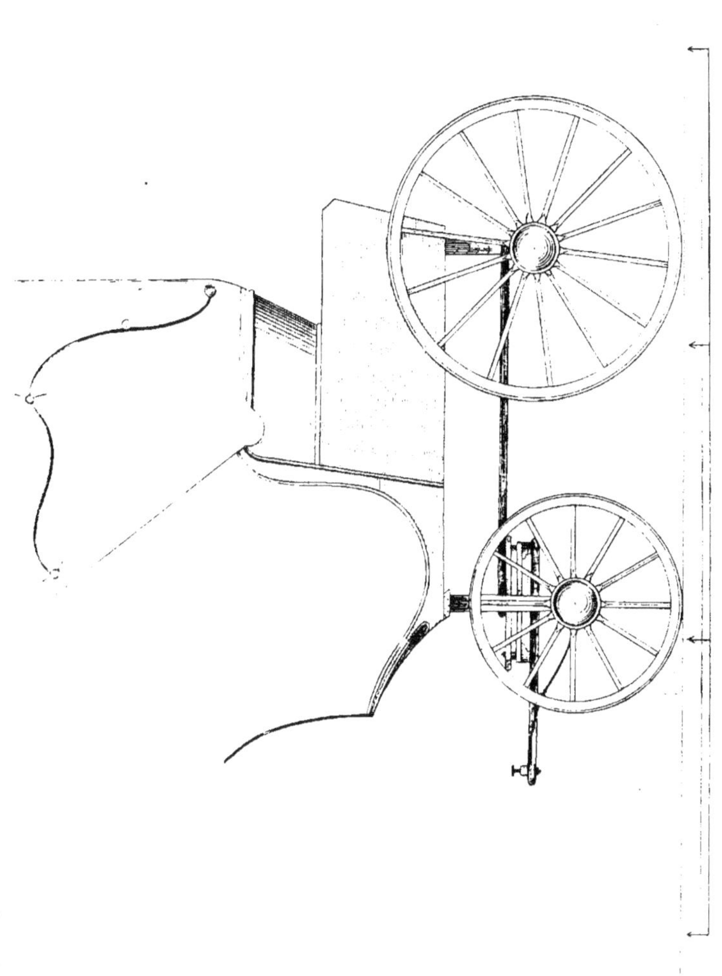

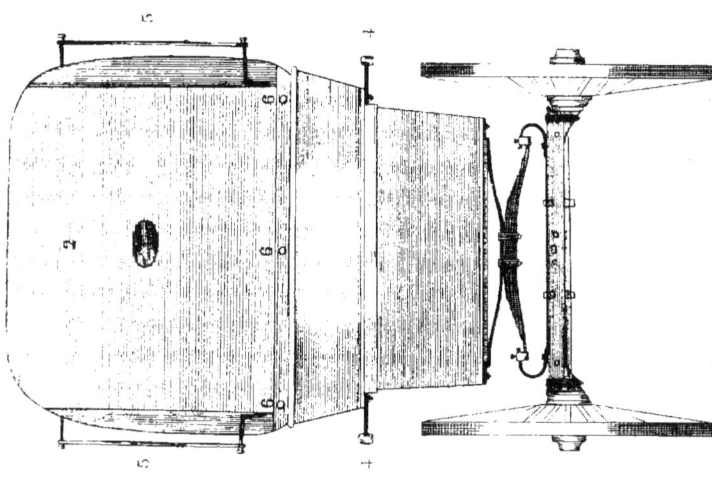

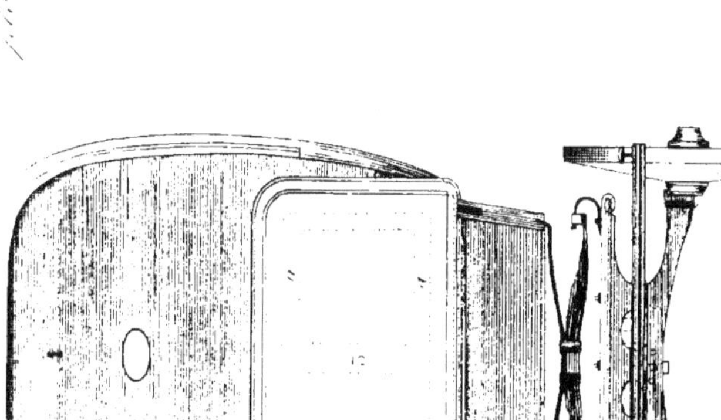

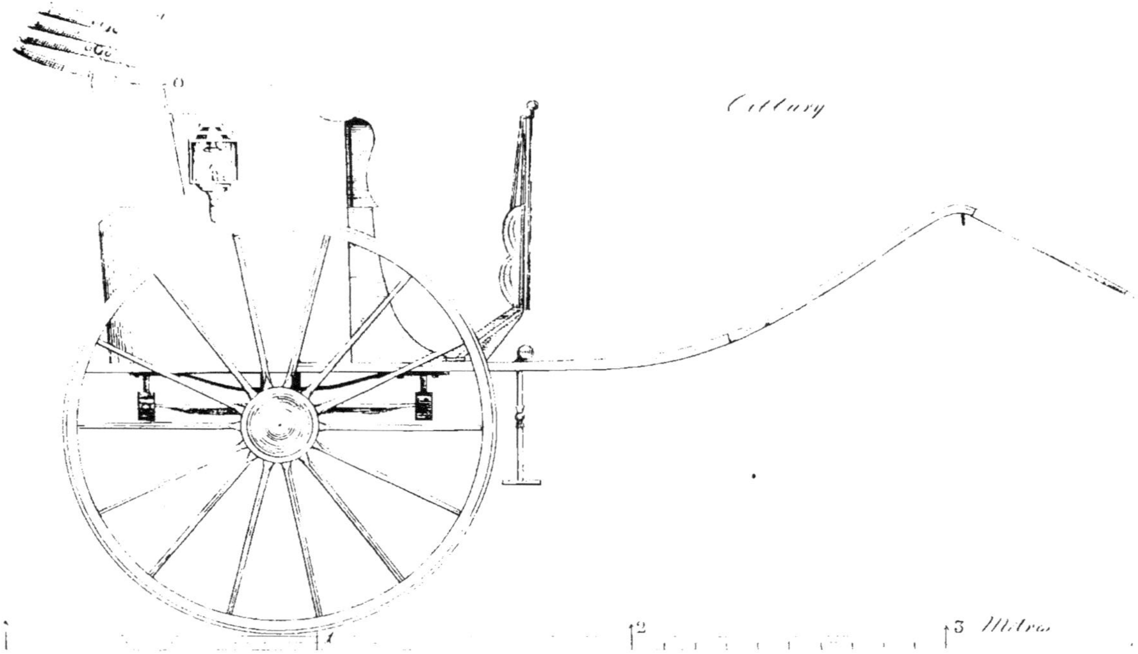

Cellery
3 Mètres

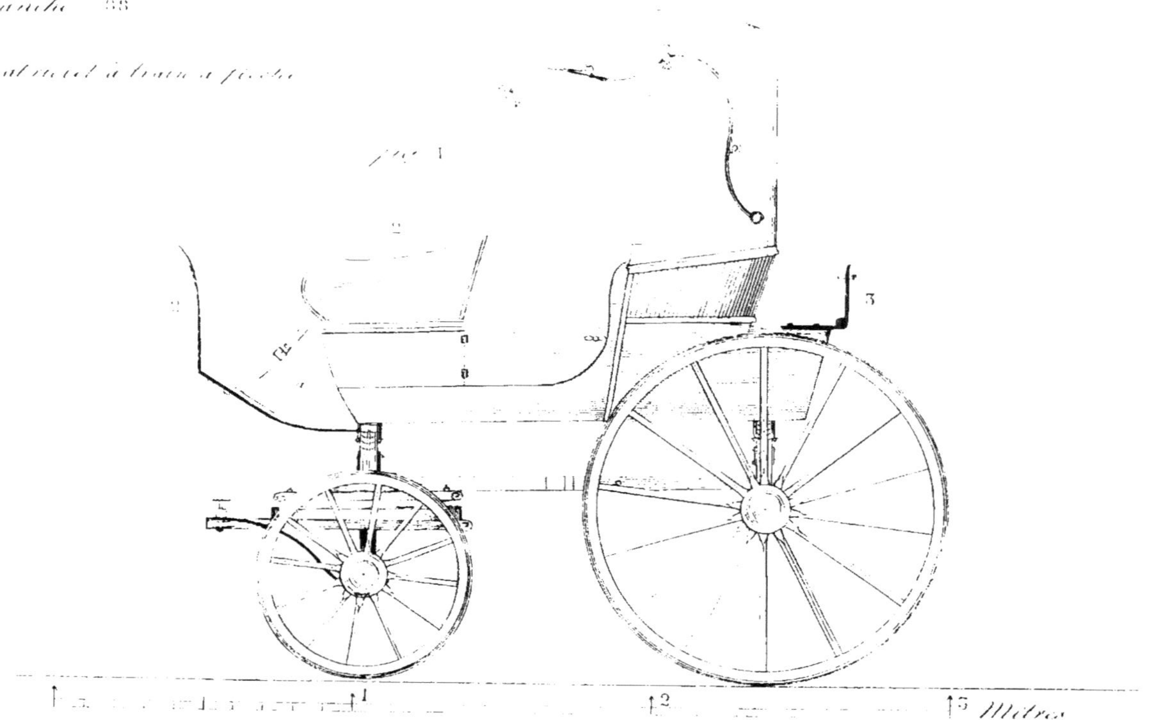
Planche 88
1
2
5 Mètres

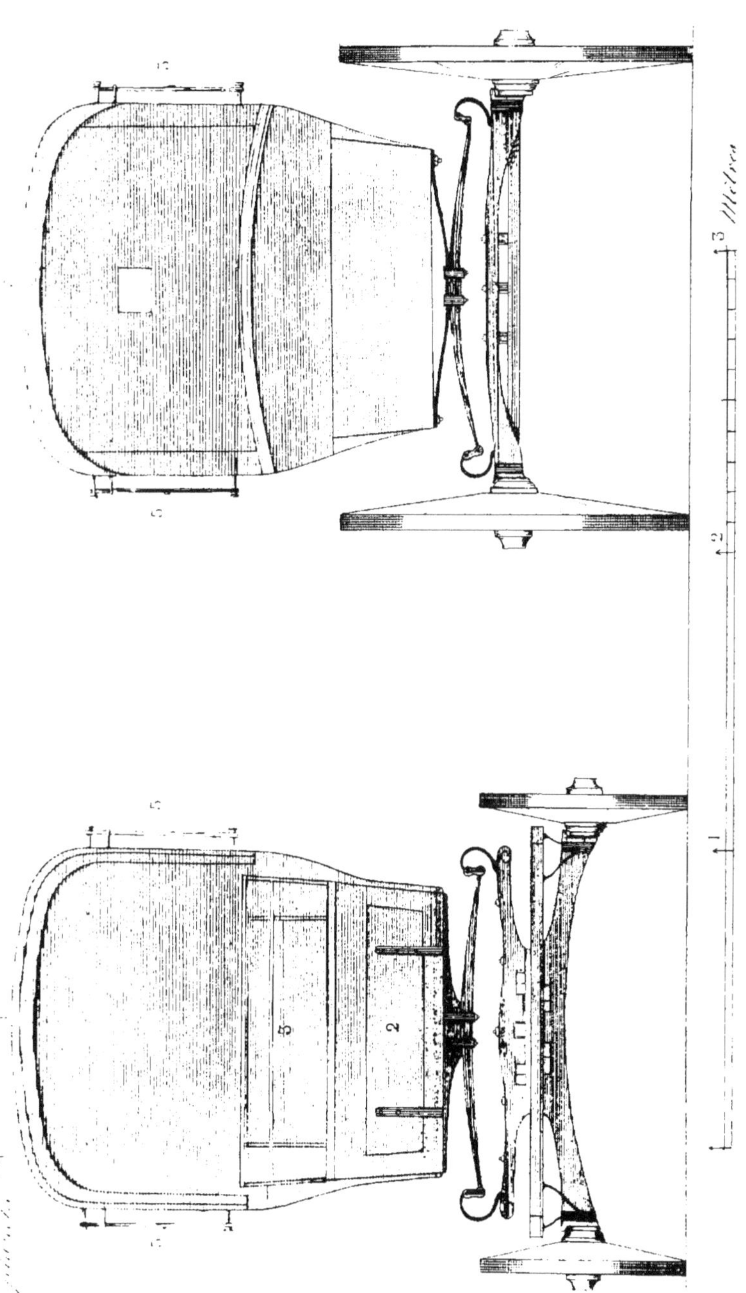

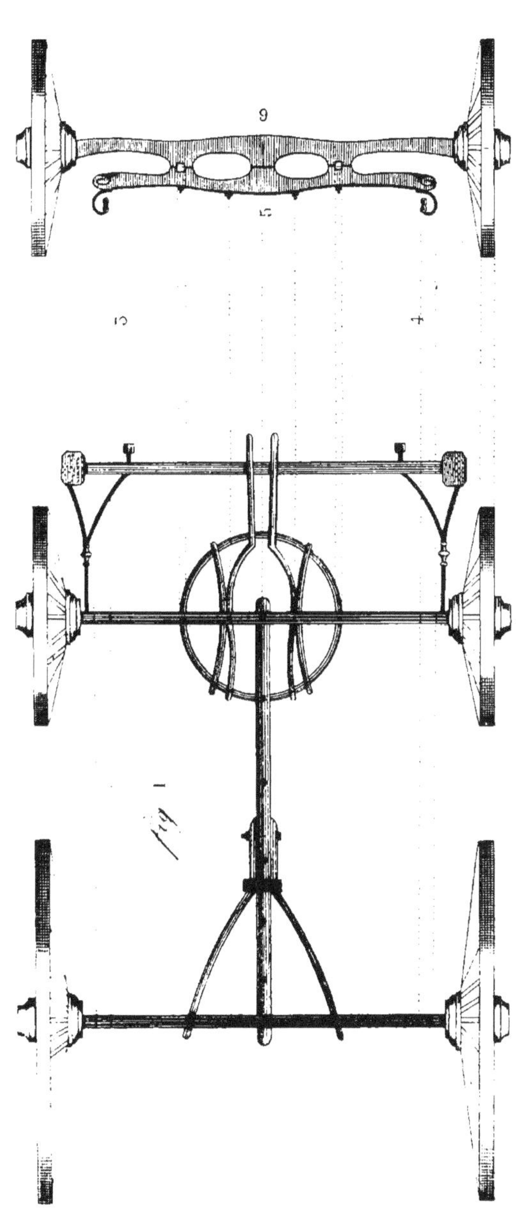

Fig. 1

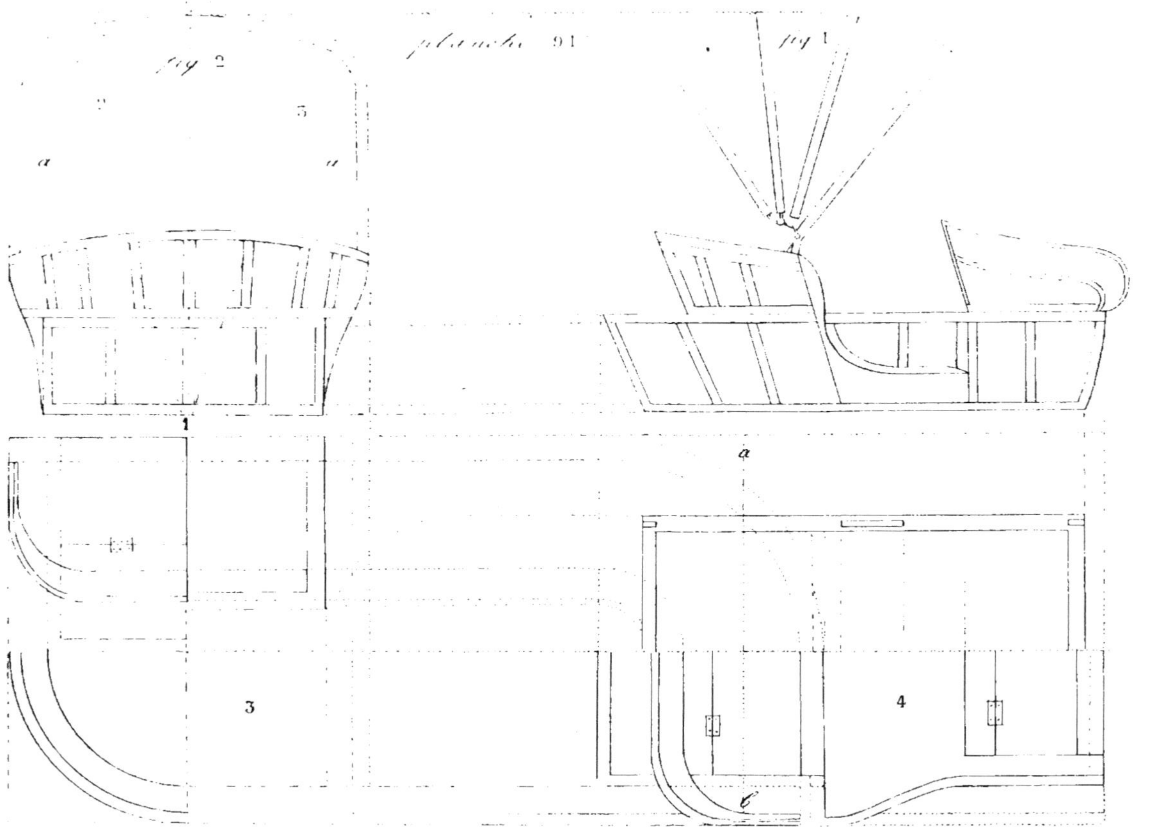

fig 2
planche 91
fig 1
a
a
a
1
3
4
6

planche 92

Cabriolet

Fig 1

5 Metres

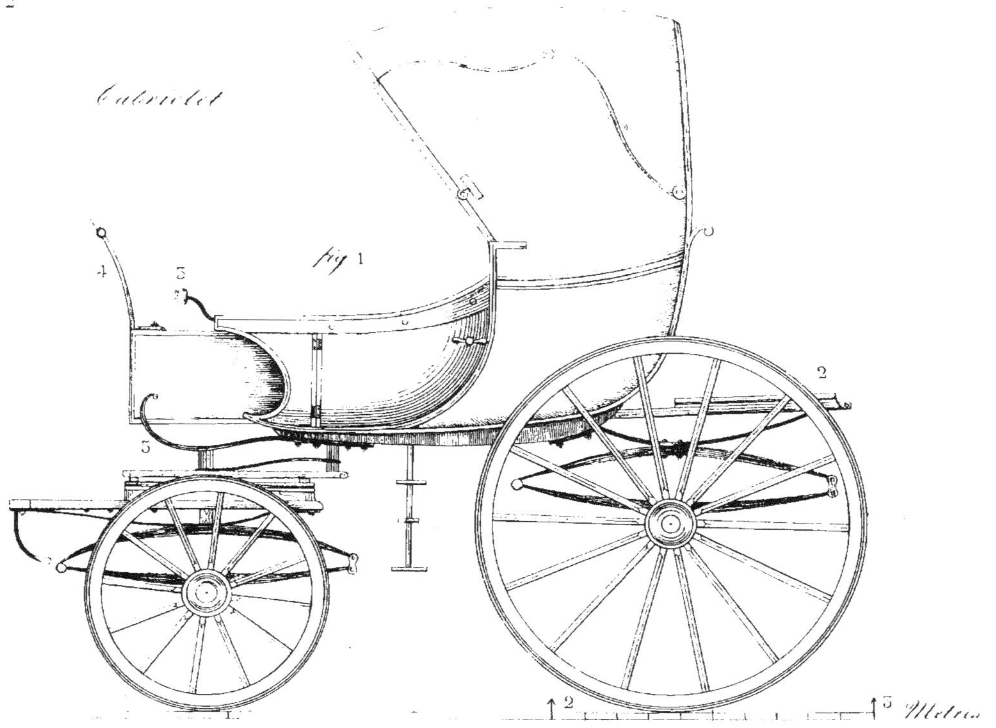

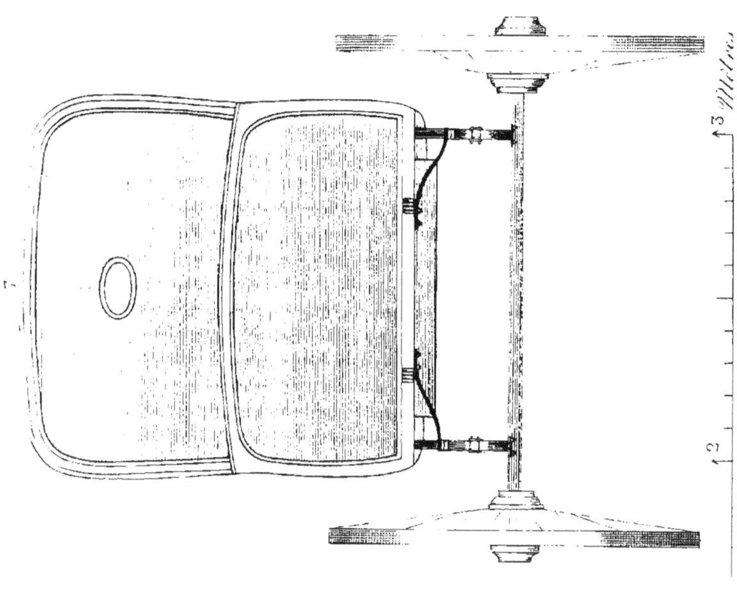
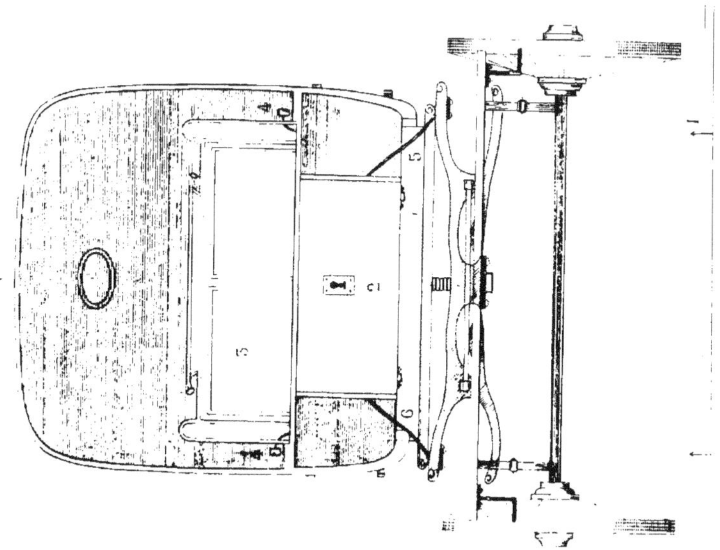

Cabriolet
Mètres

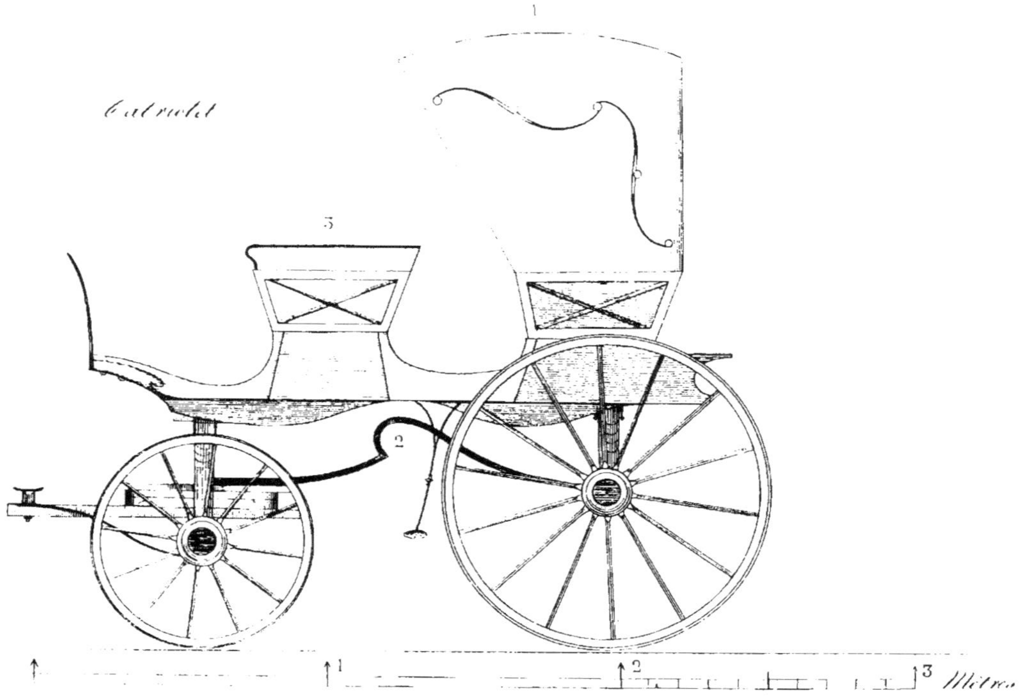

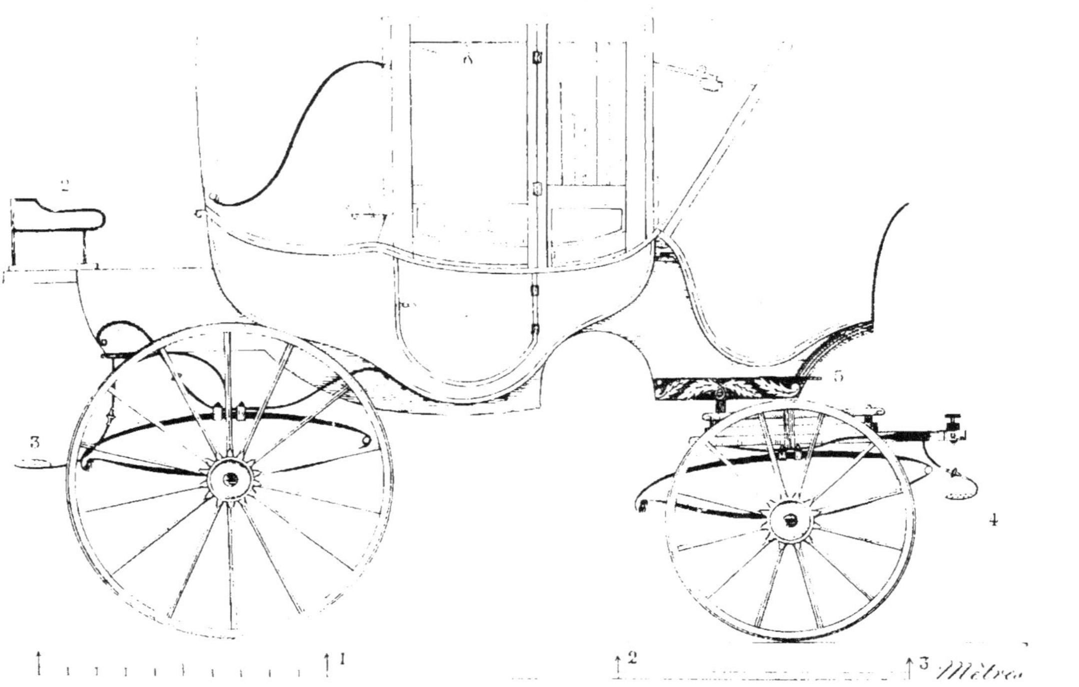

planche 95
fig 1
Berline à Cabriolet
Mètres

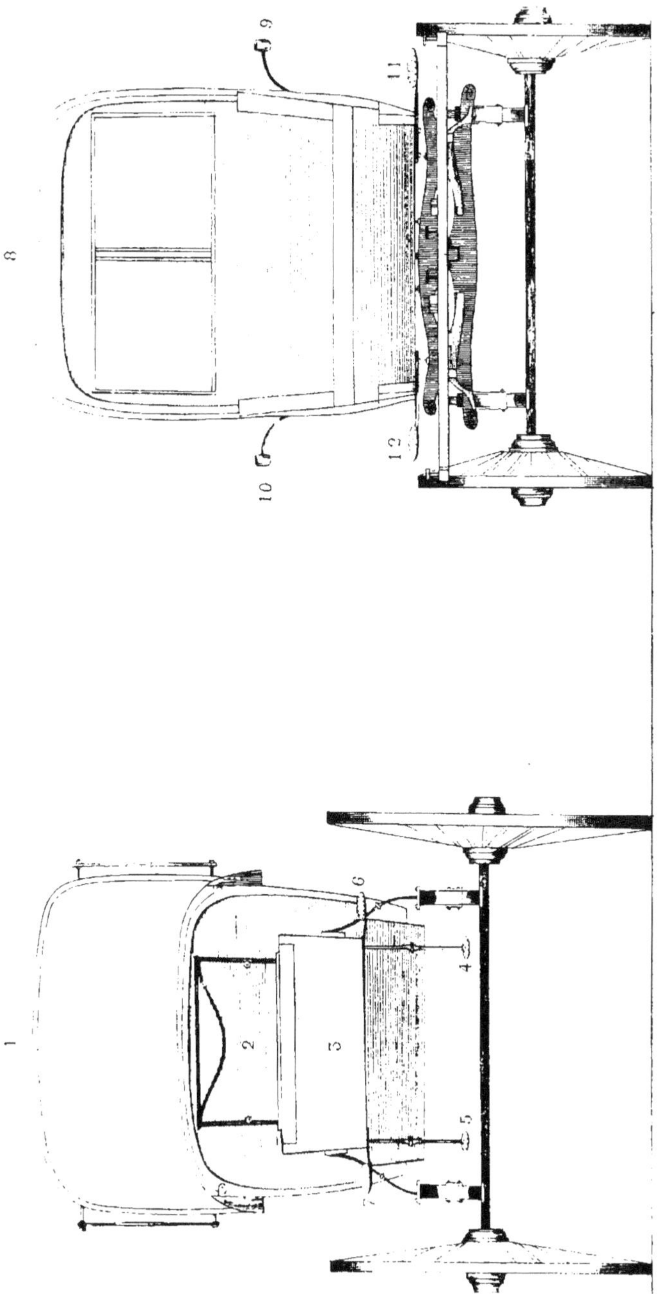
Planche 96
1
2
3
4
5
6
8
9
10
11
12

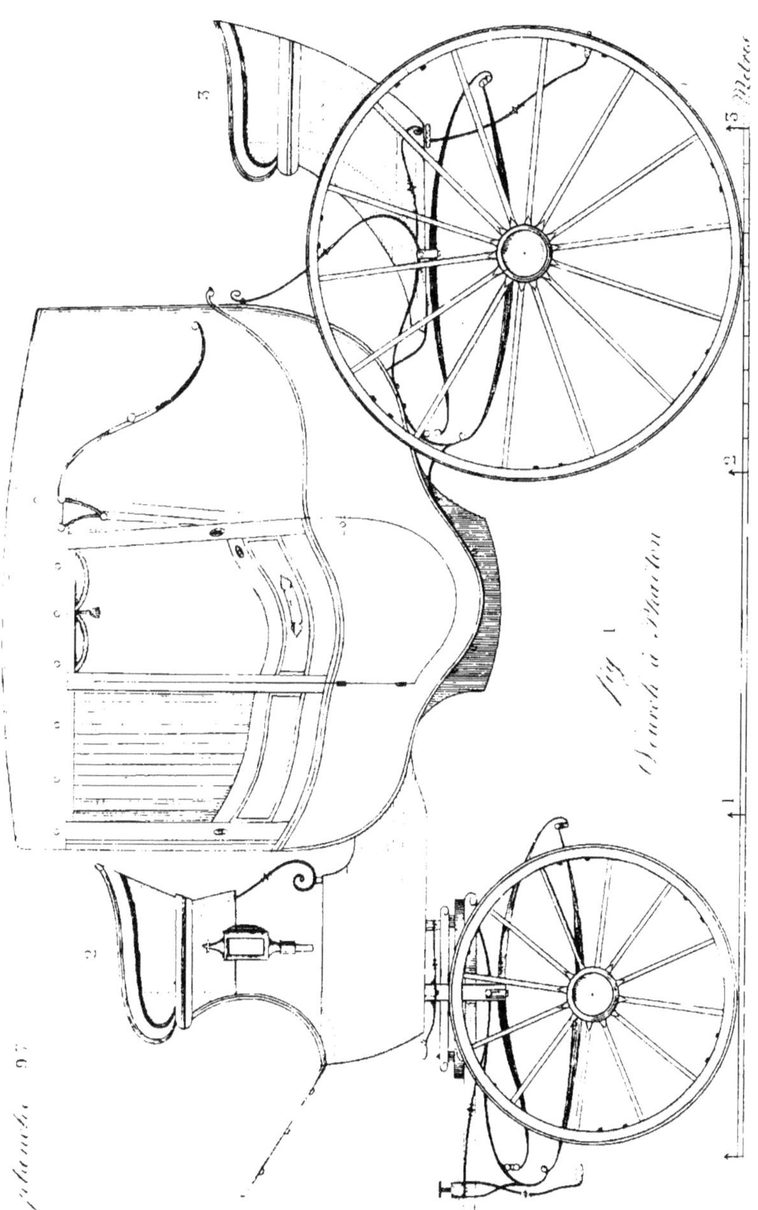

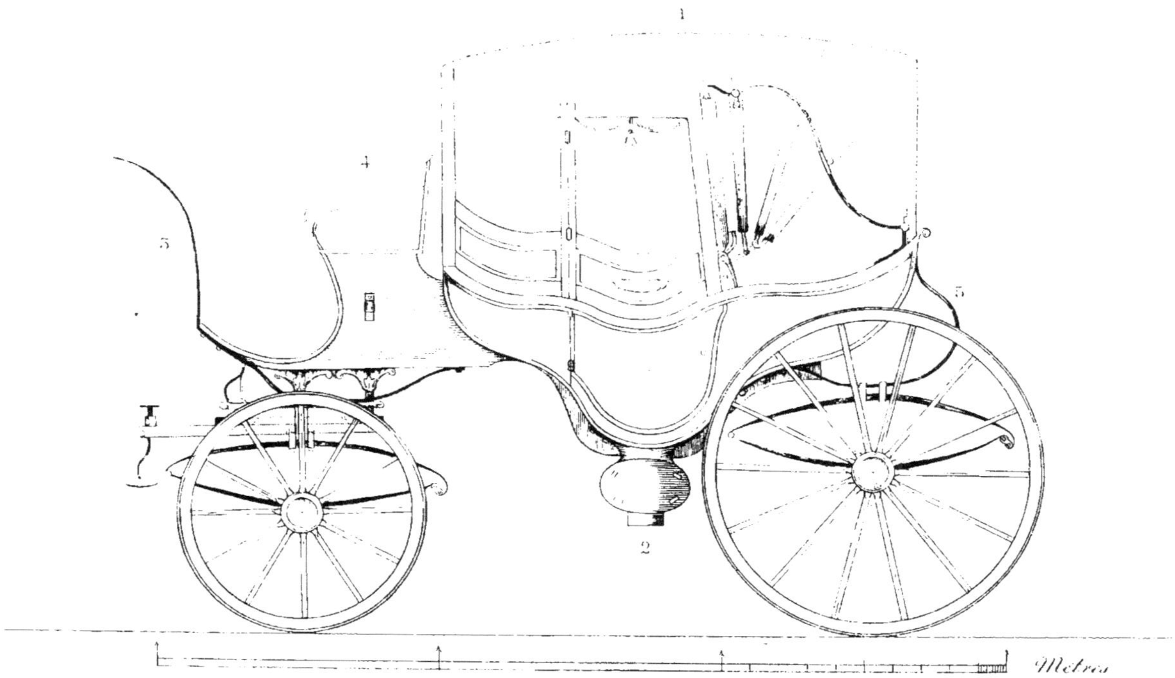

Metres

planche 99
Mètres

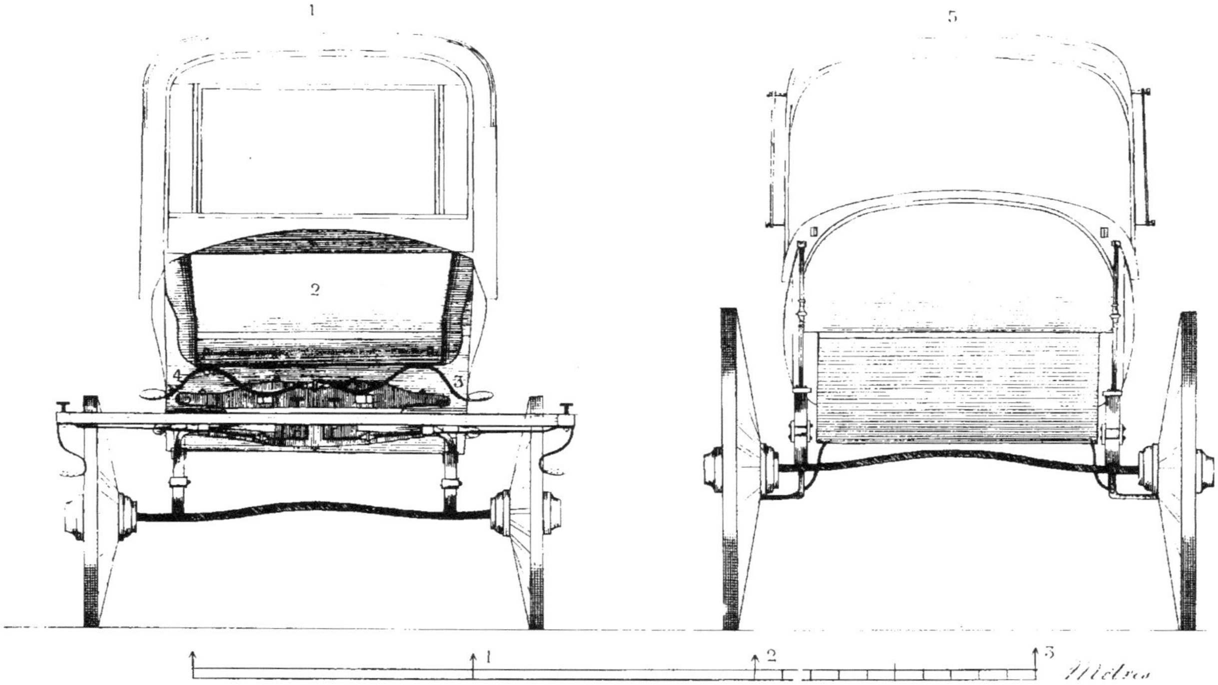

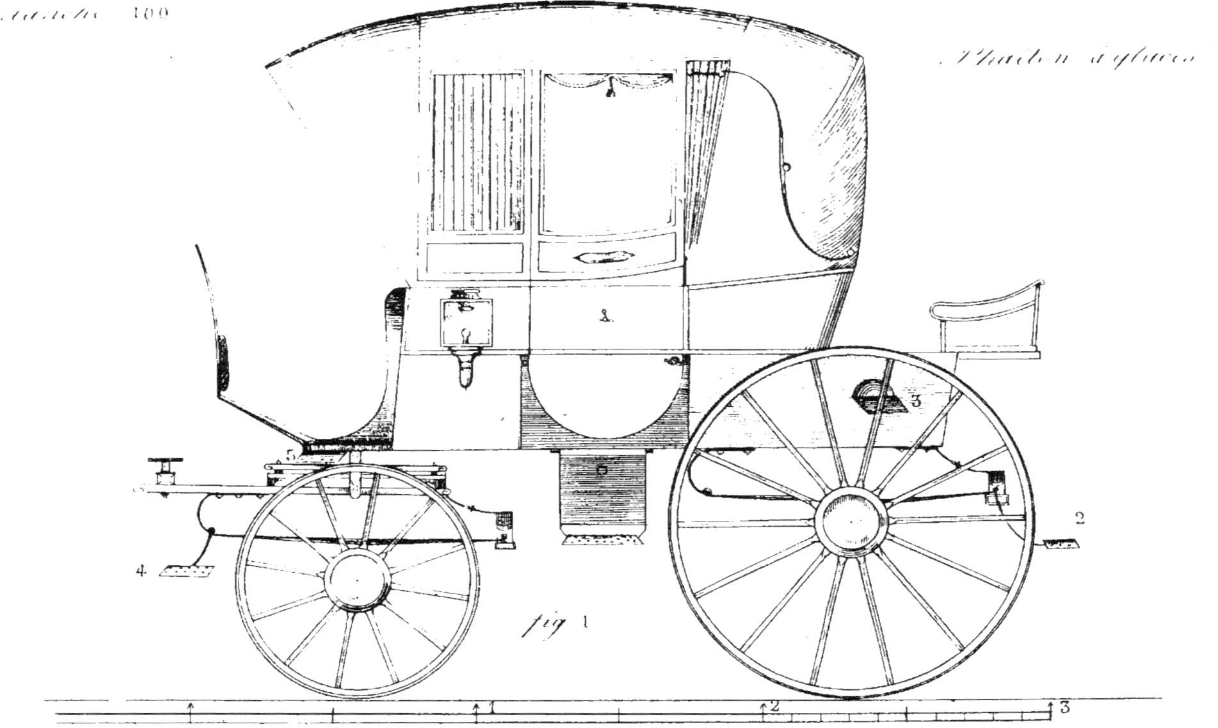

Phaéton à glaces

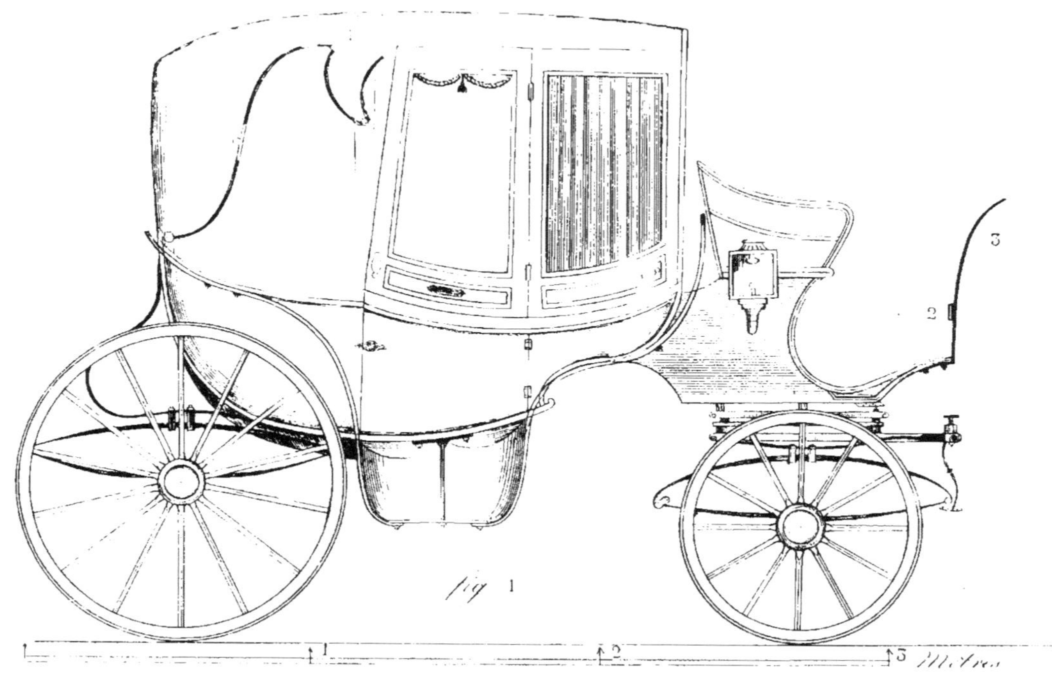

planche 101
coupé à siège devant
fig 1
Mètres

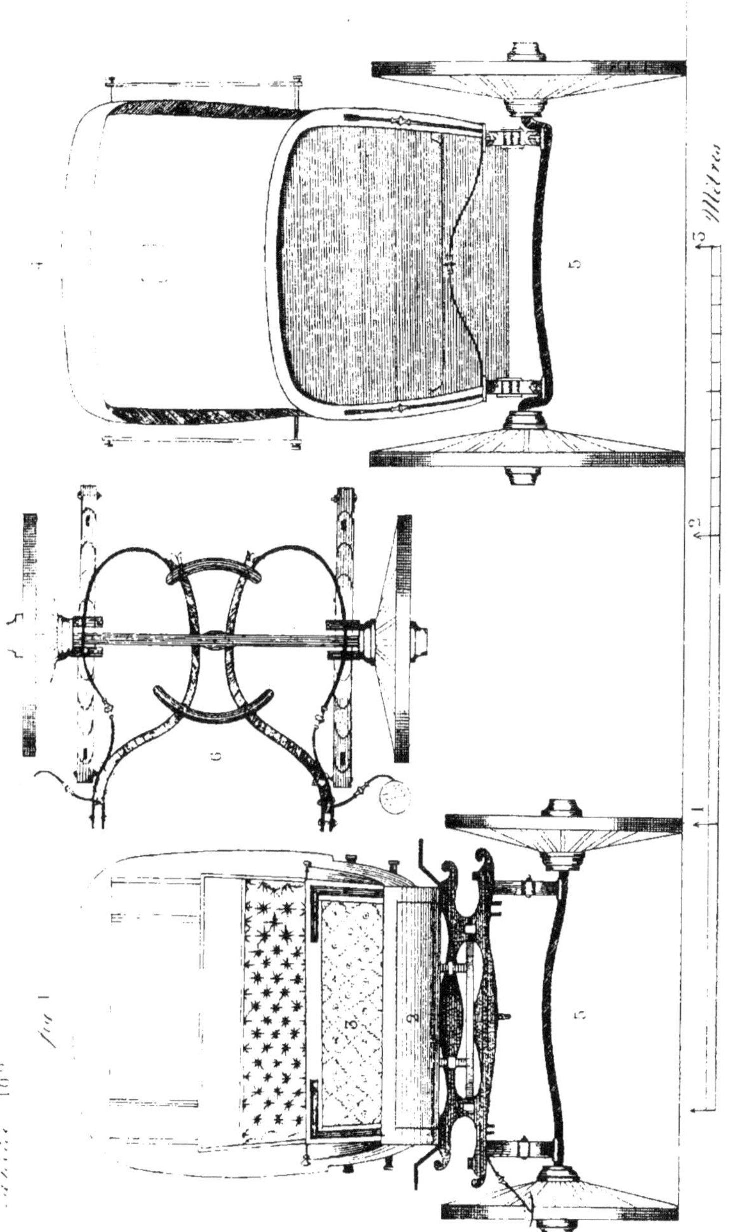

Carrosserie à huit ressorts 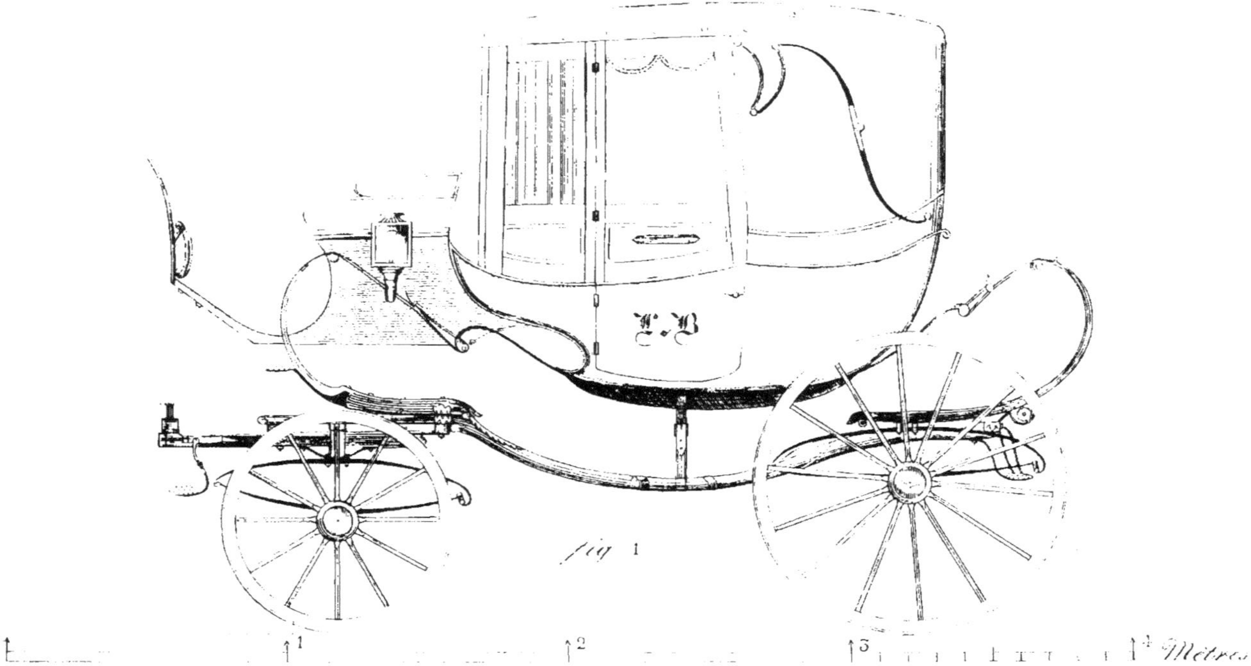
fig. 1
1   2   3   Mètre

planche 106

fig. 1

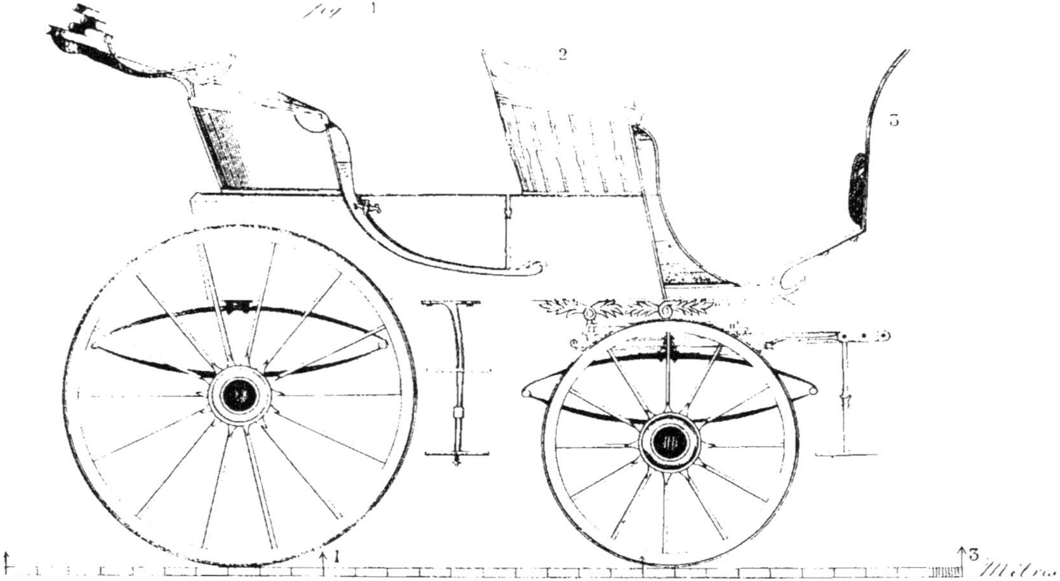

Mètres

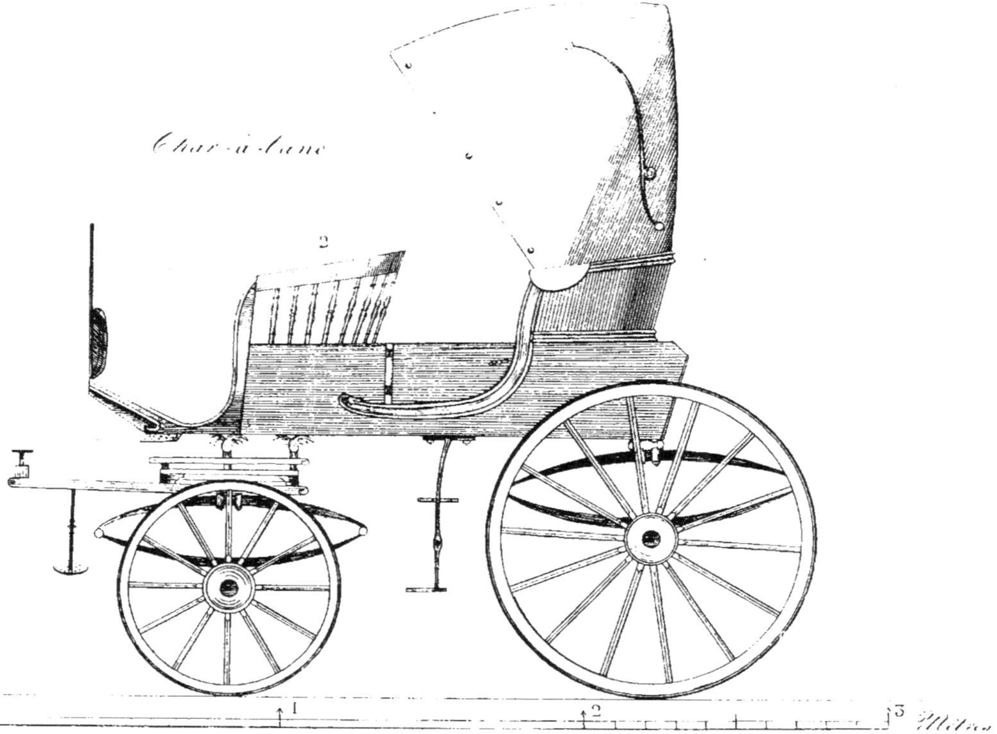

planche 107
Char-à-banc
Mètres

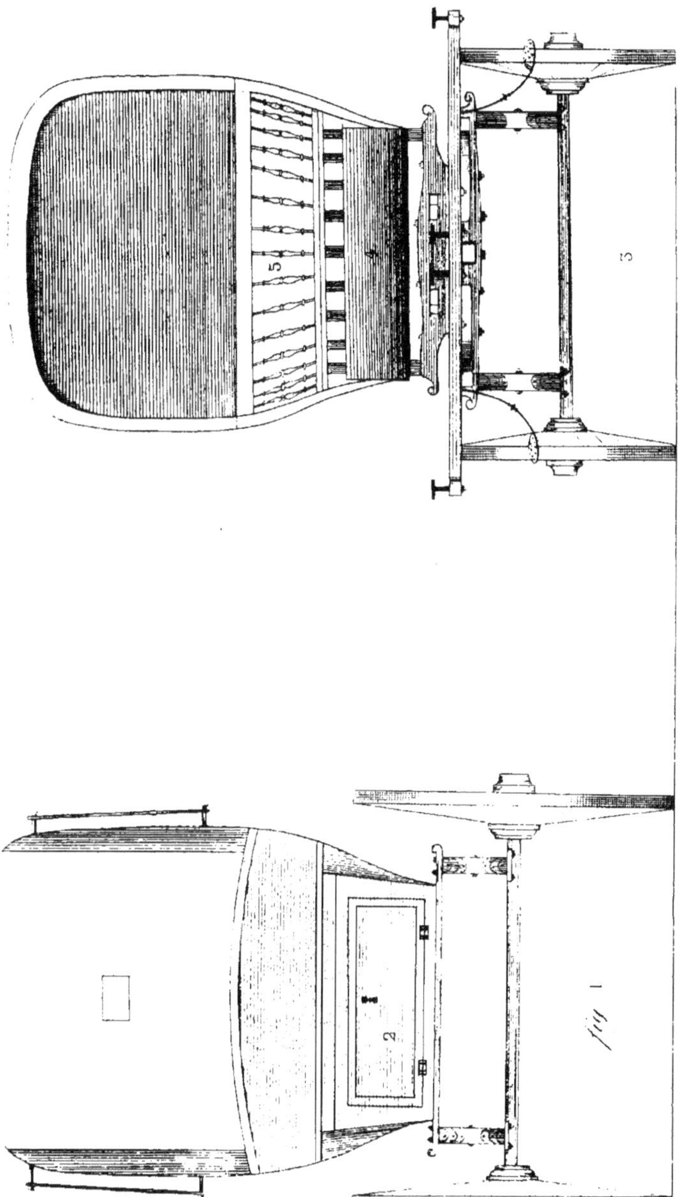

Métres
fig 1

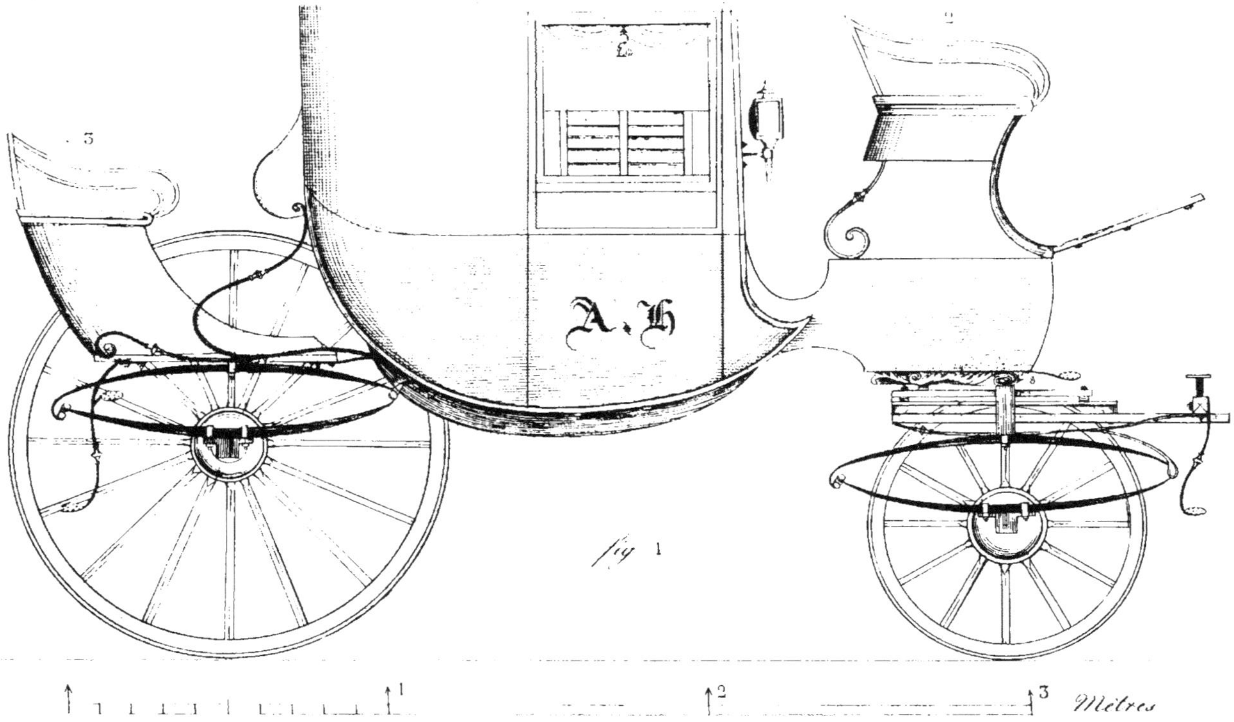

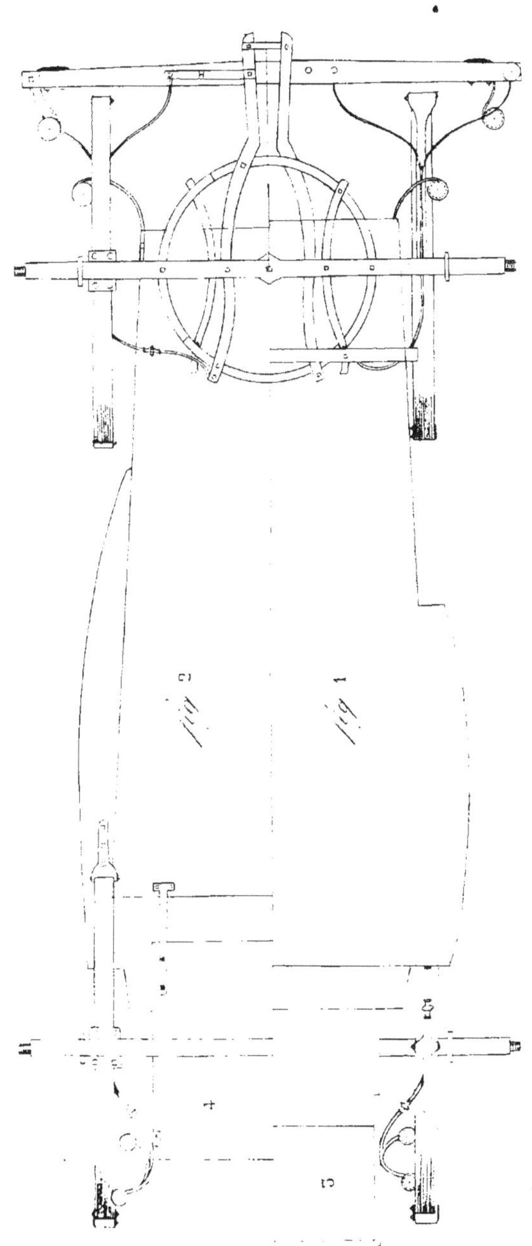

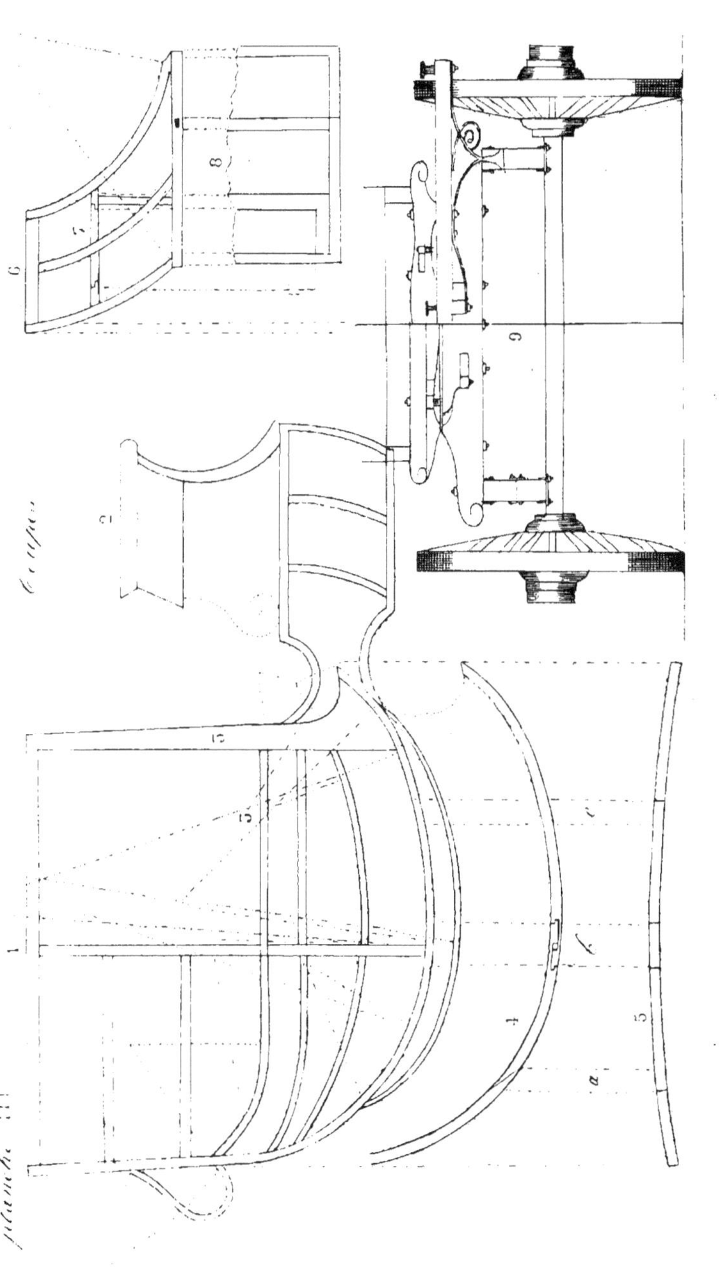

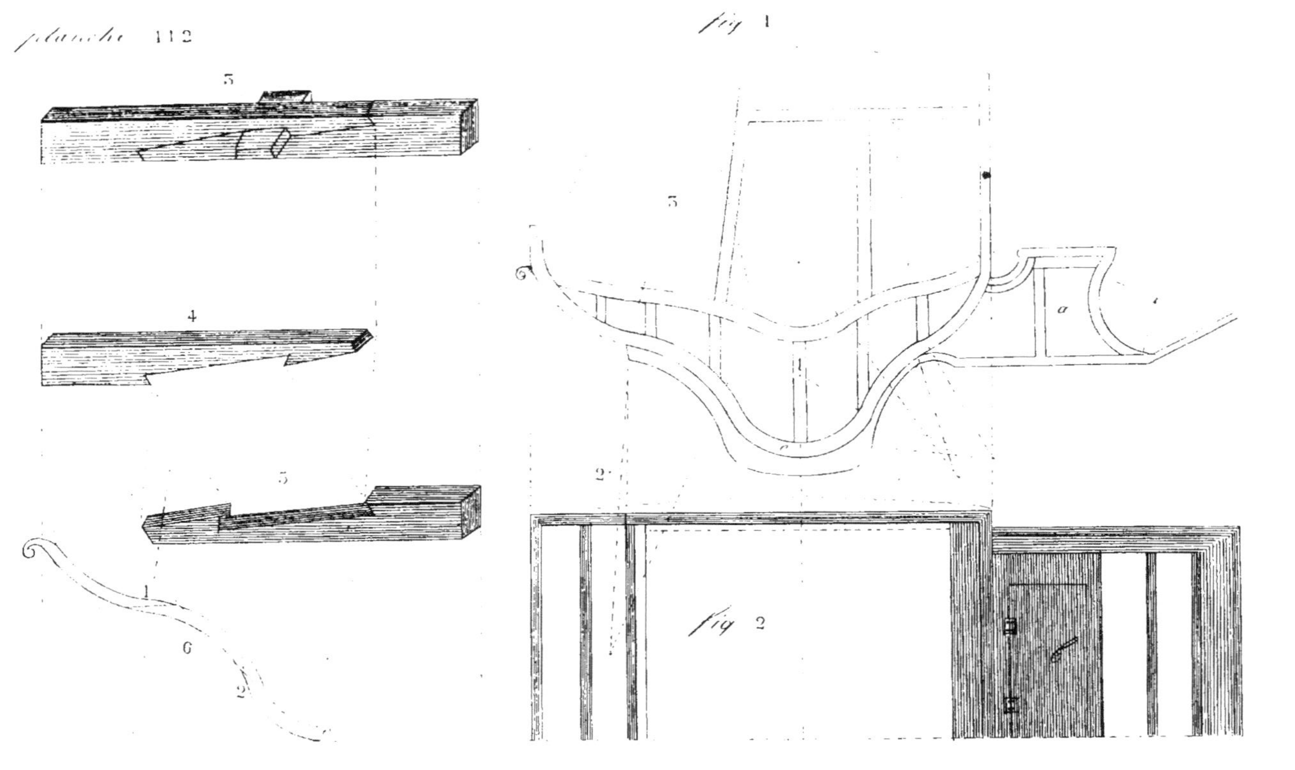

planche 112
fig. 1
fig. 2

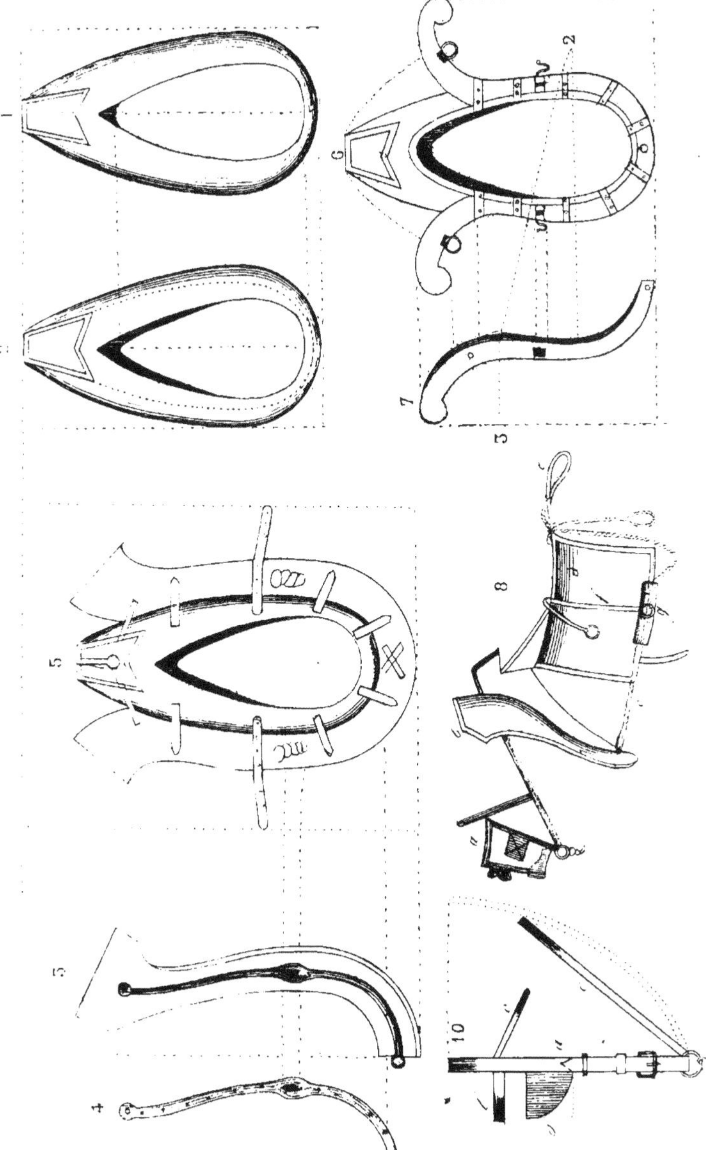

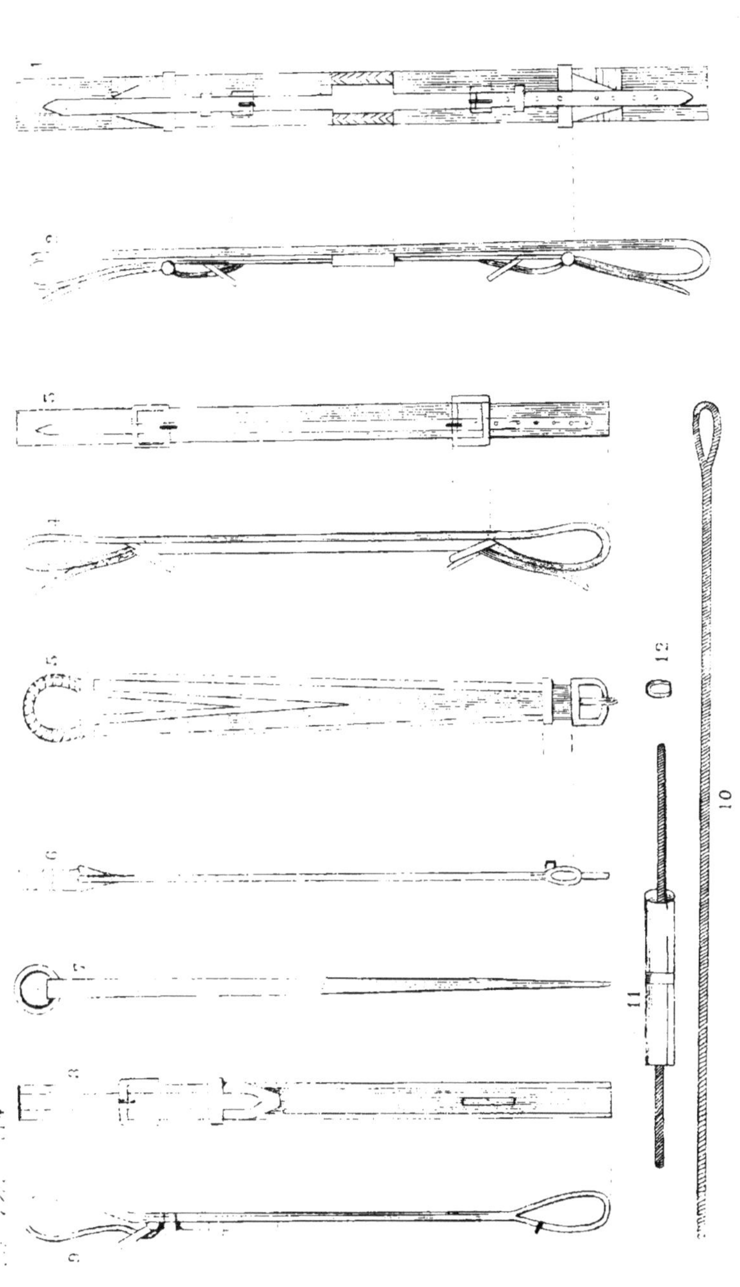

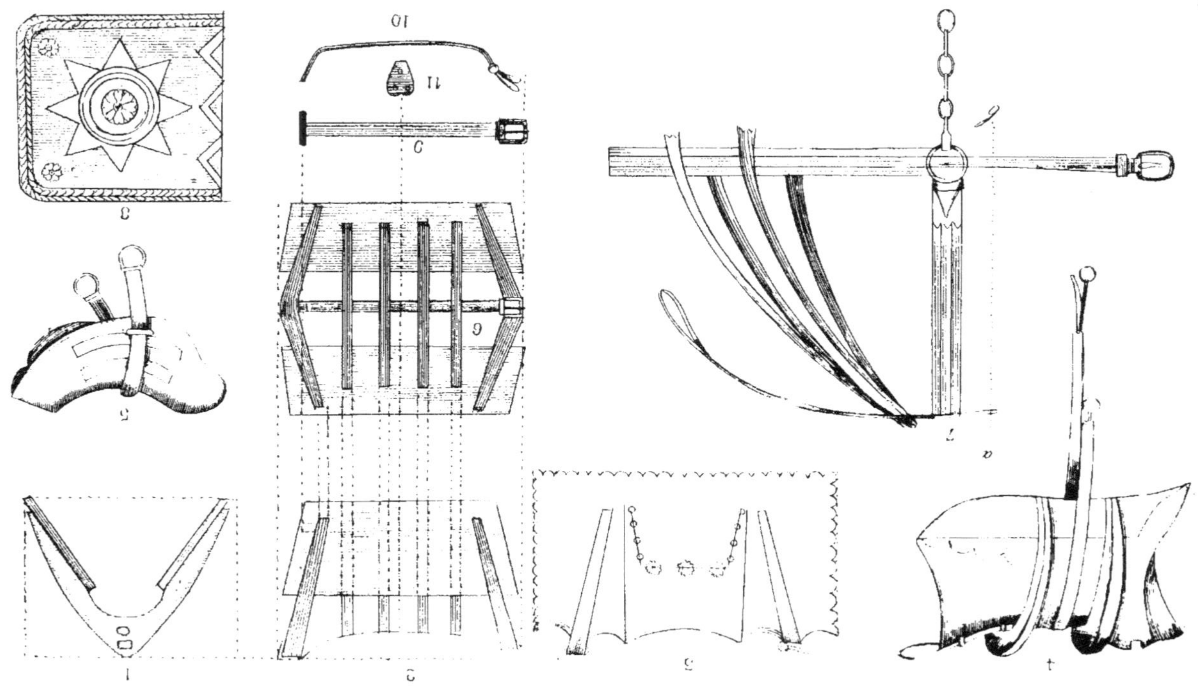

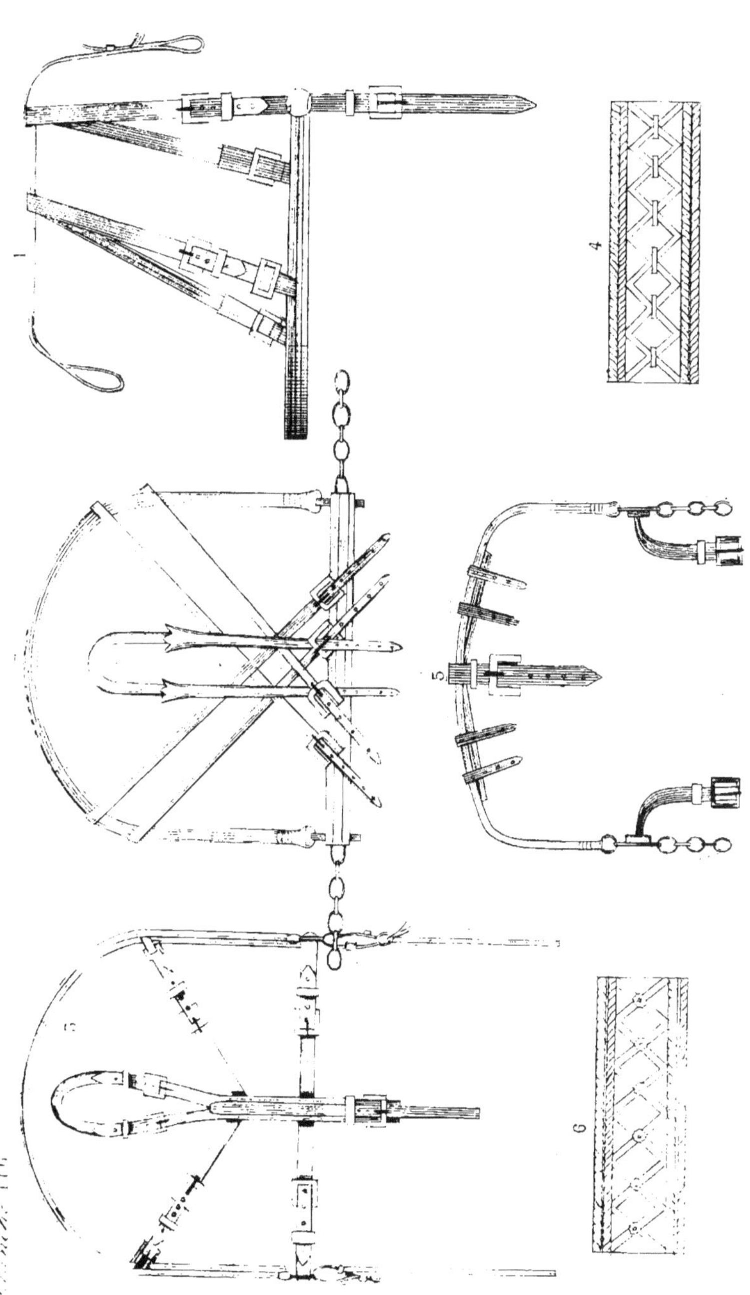

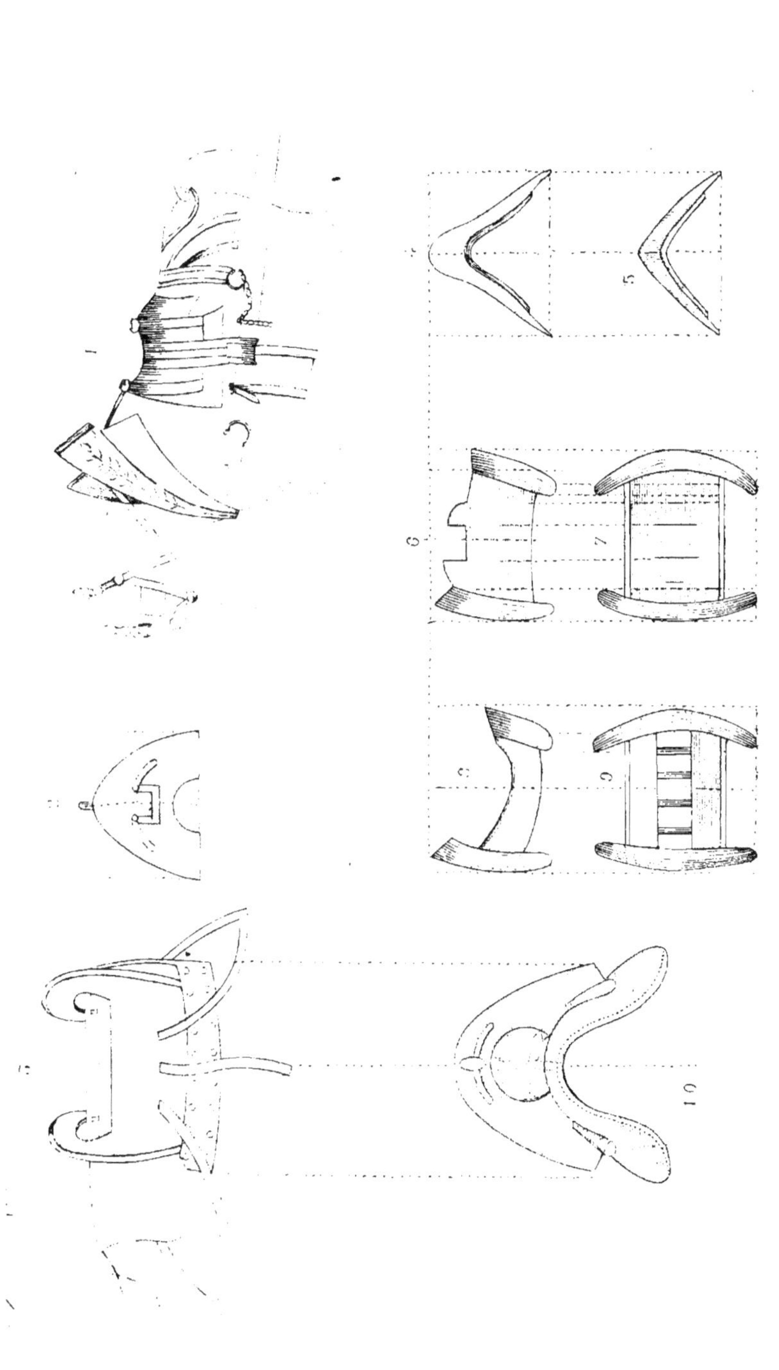

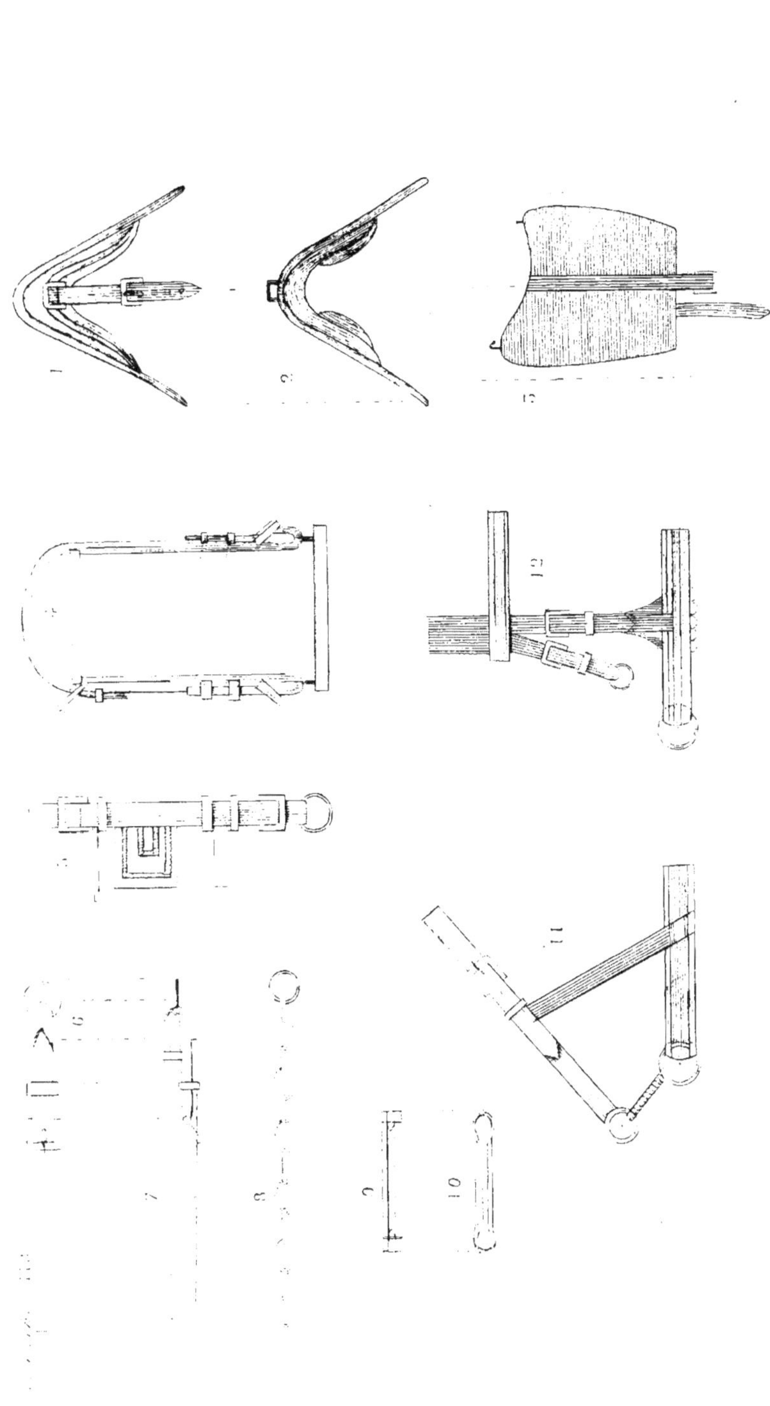

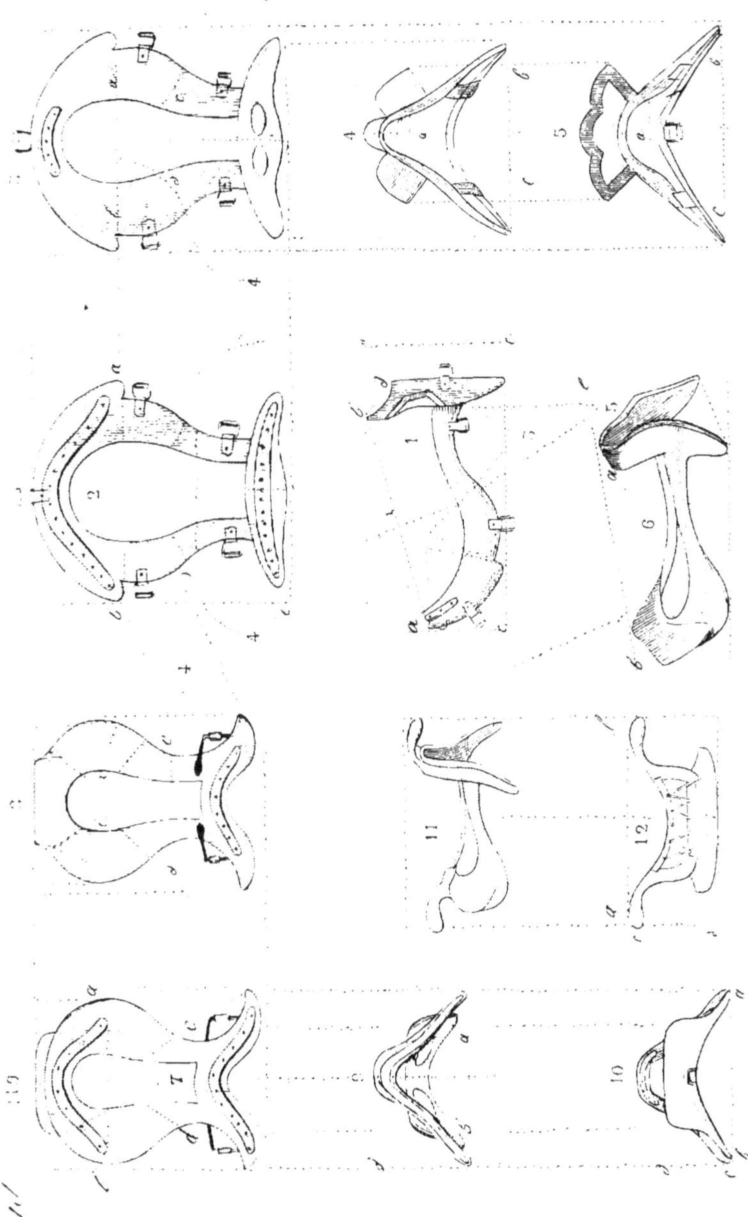

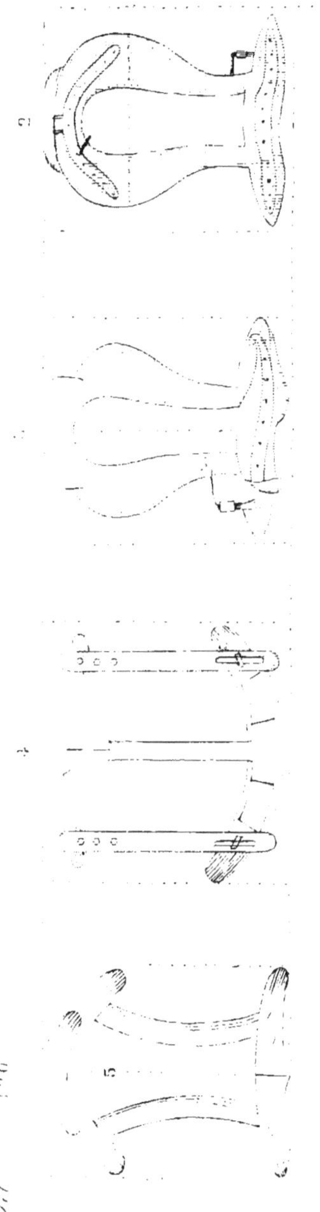

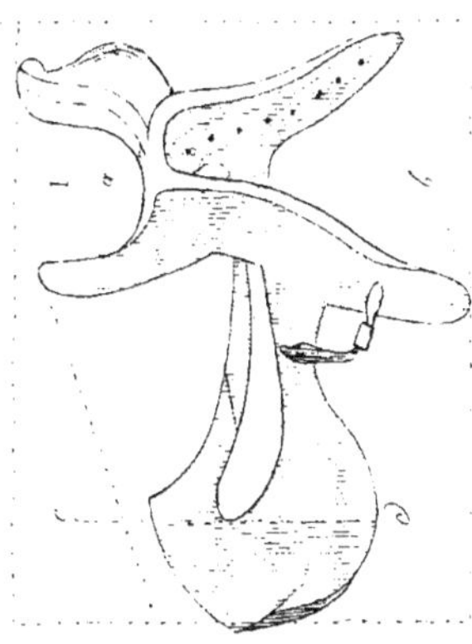

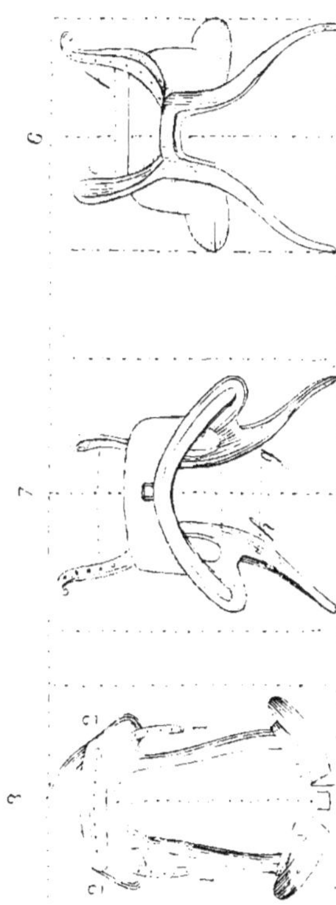

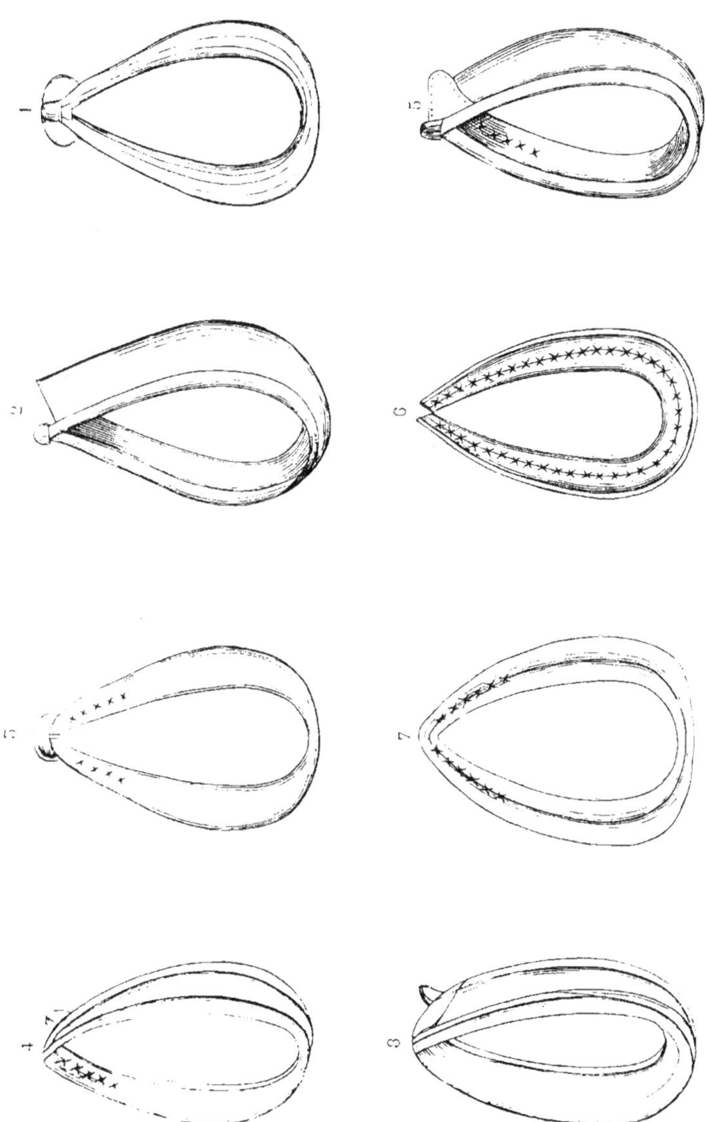

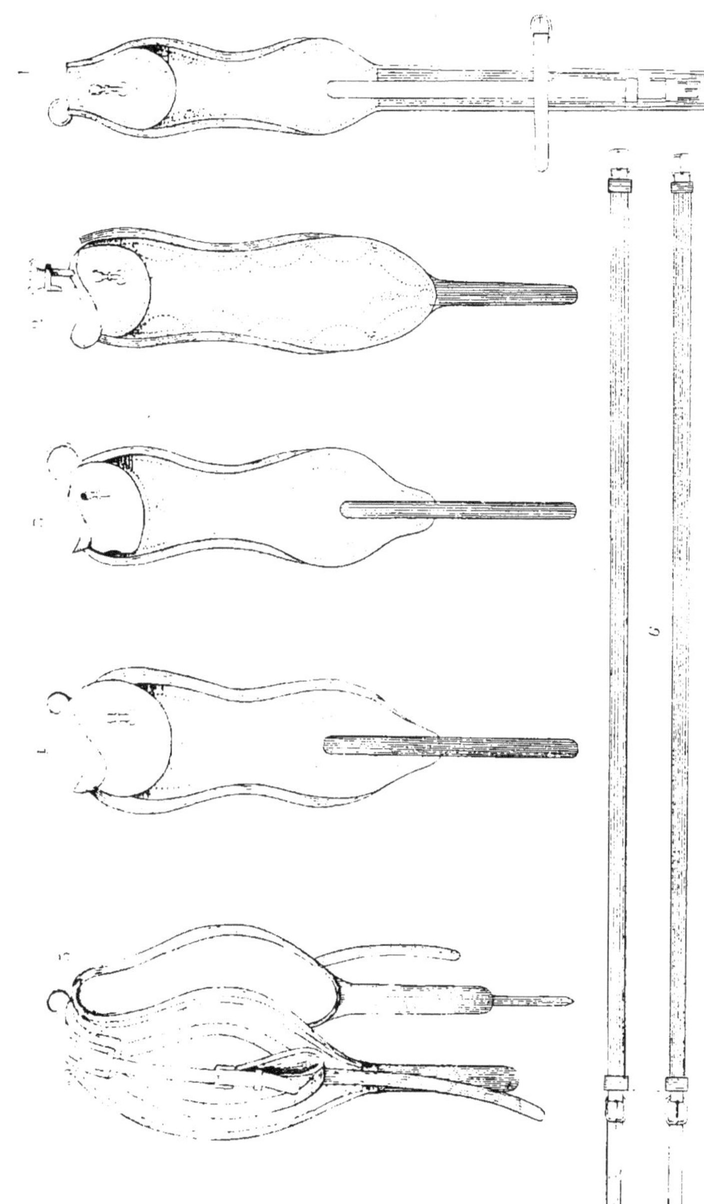

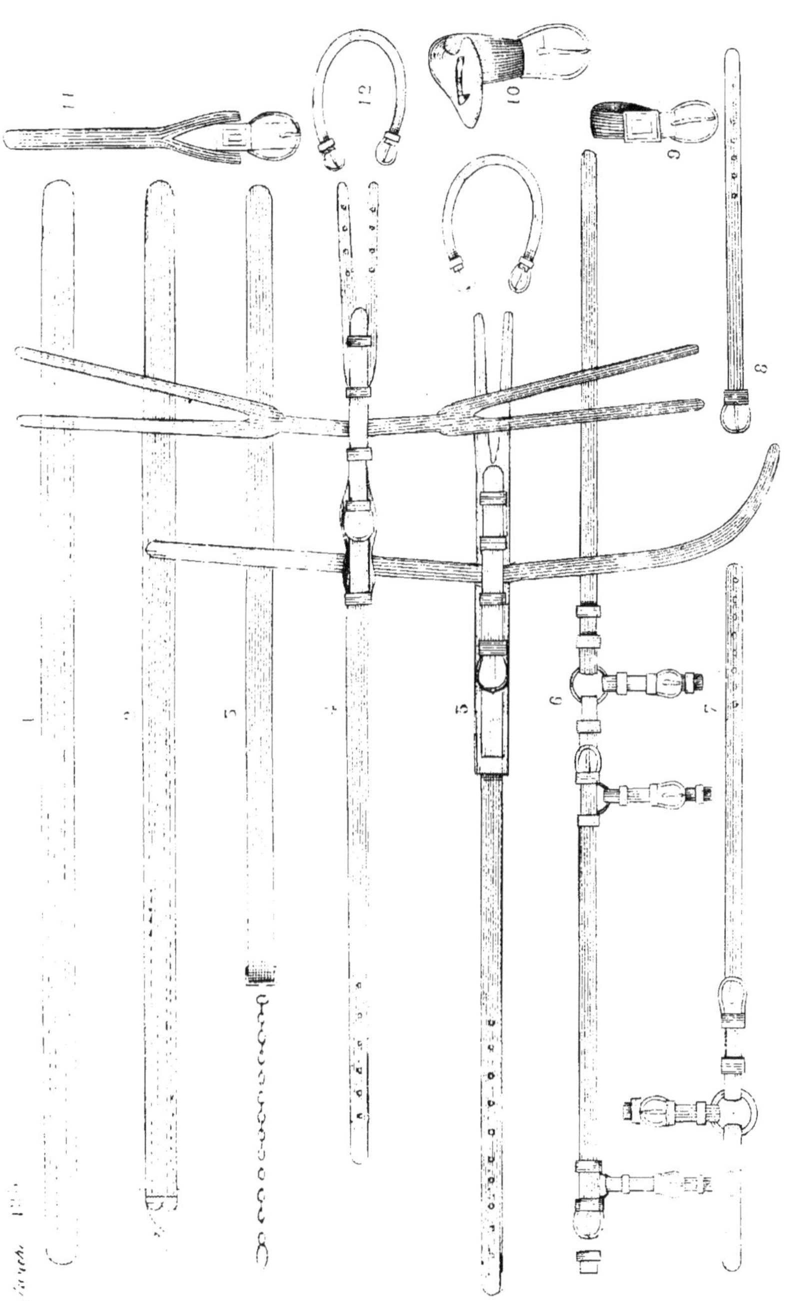

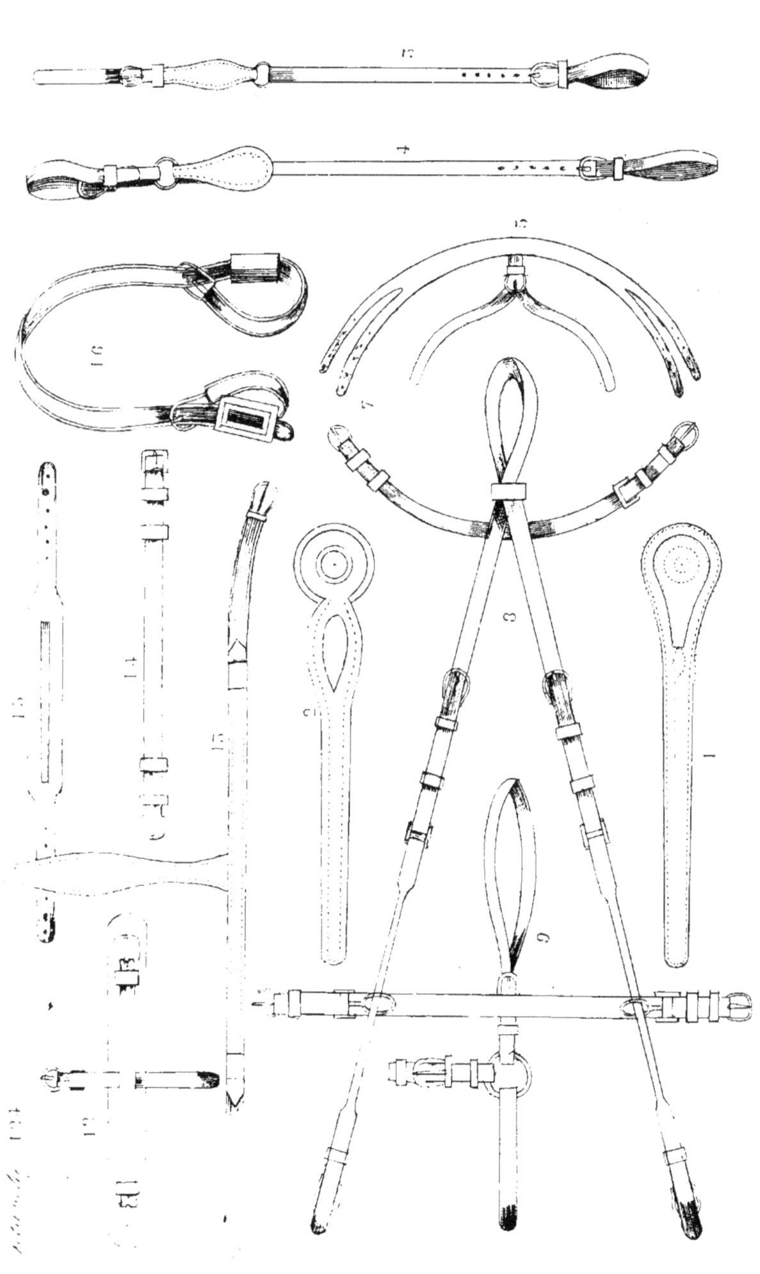

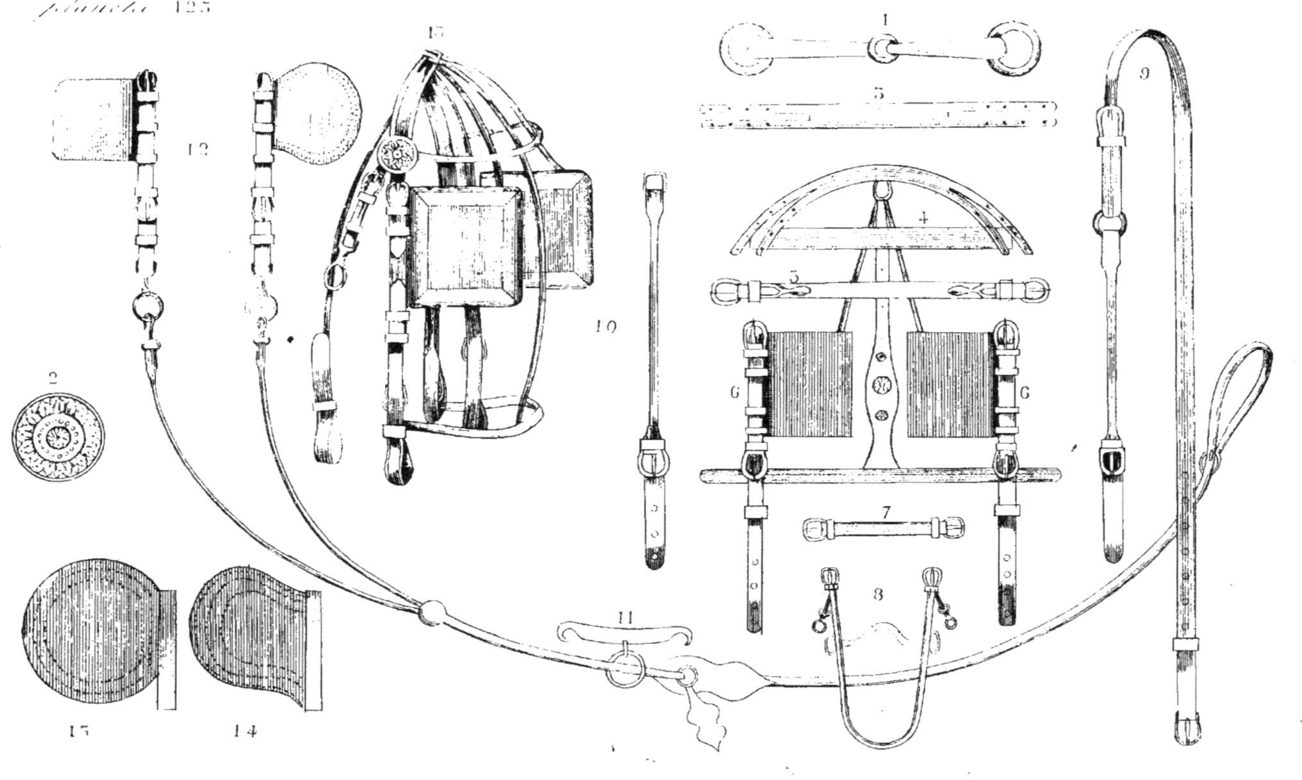
planche 125

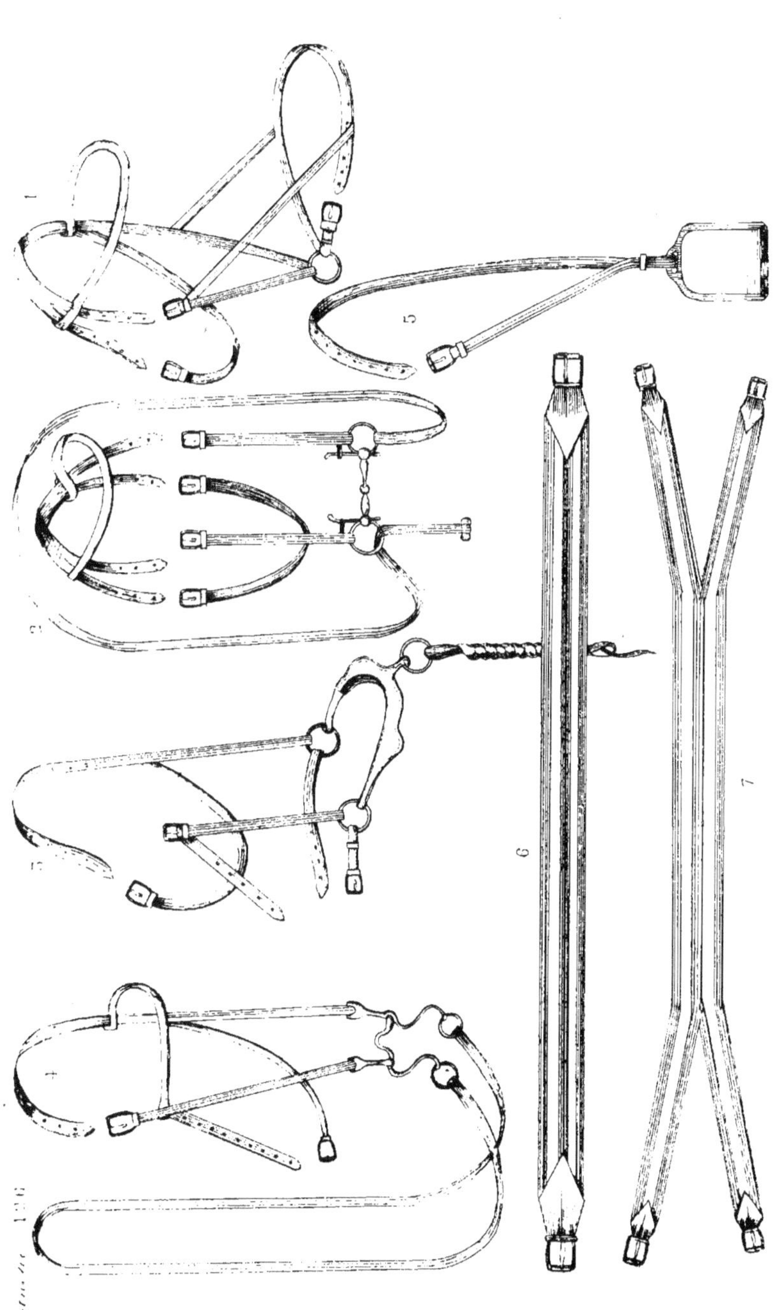

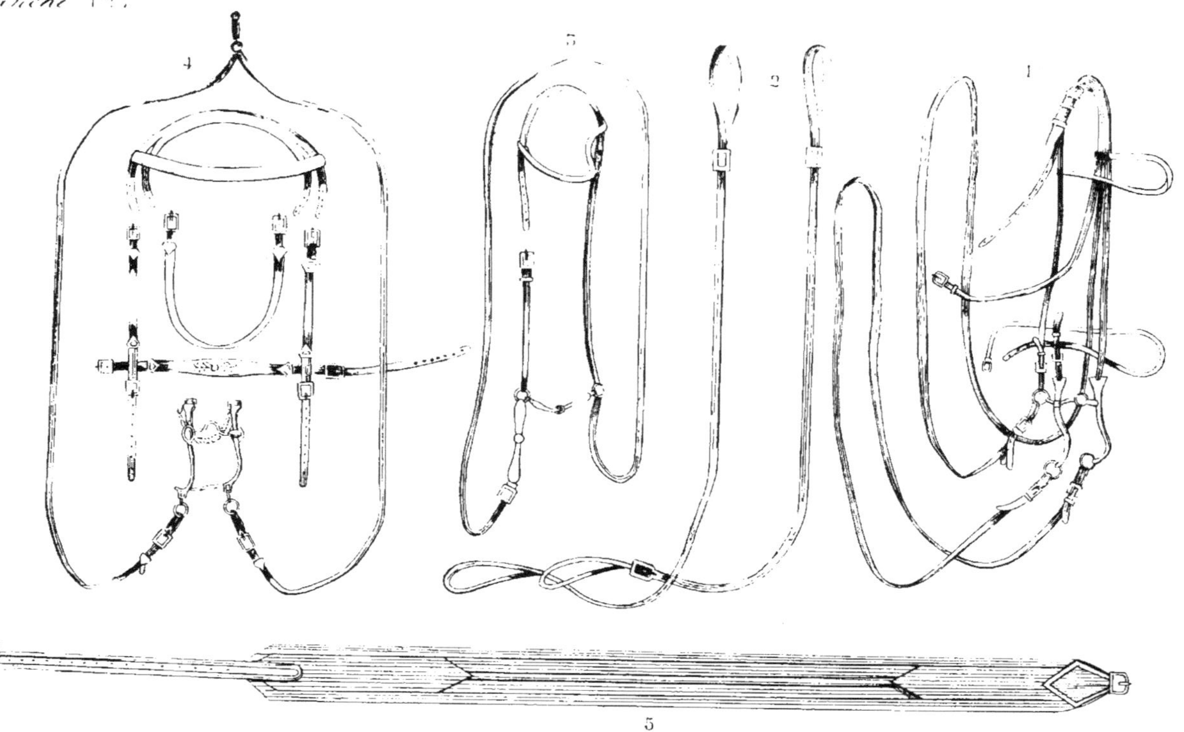

planche 125

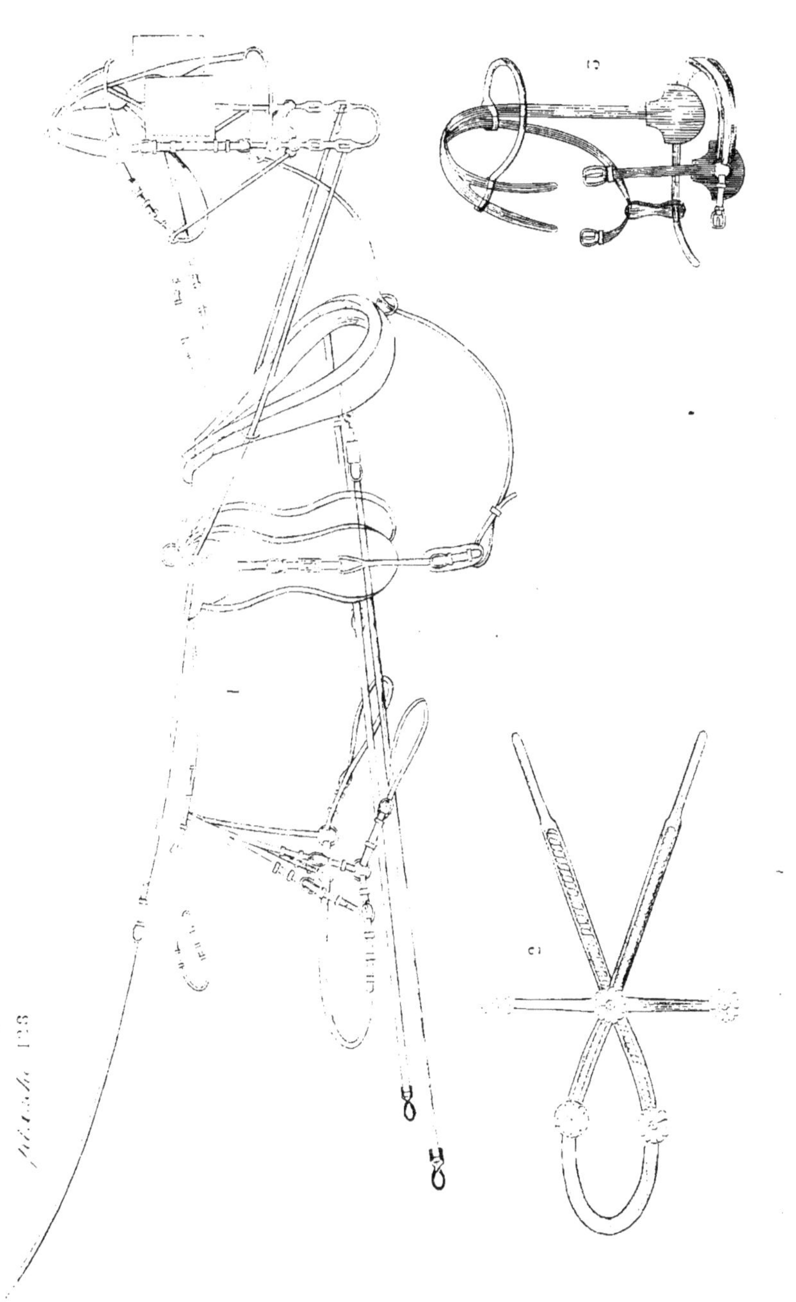

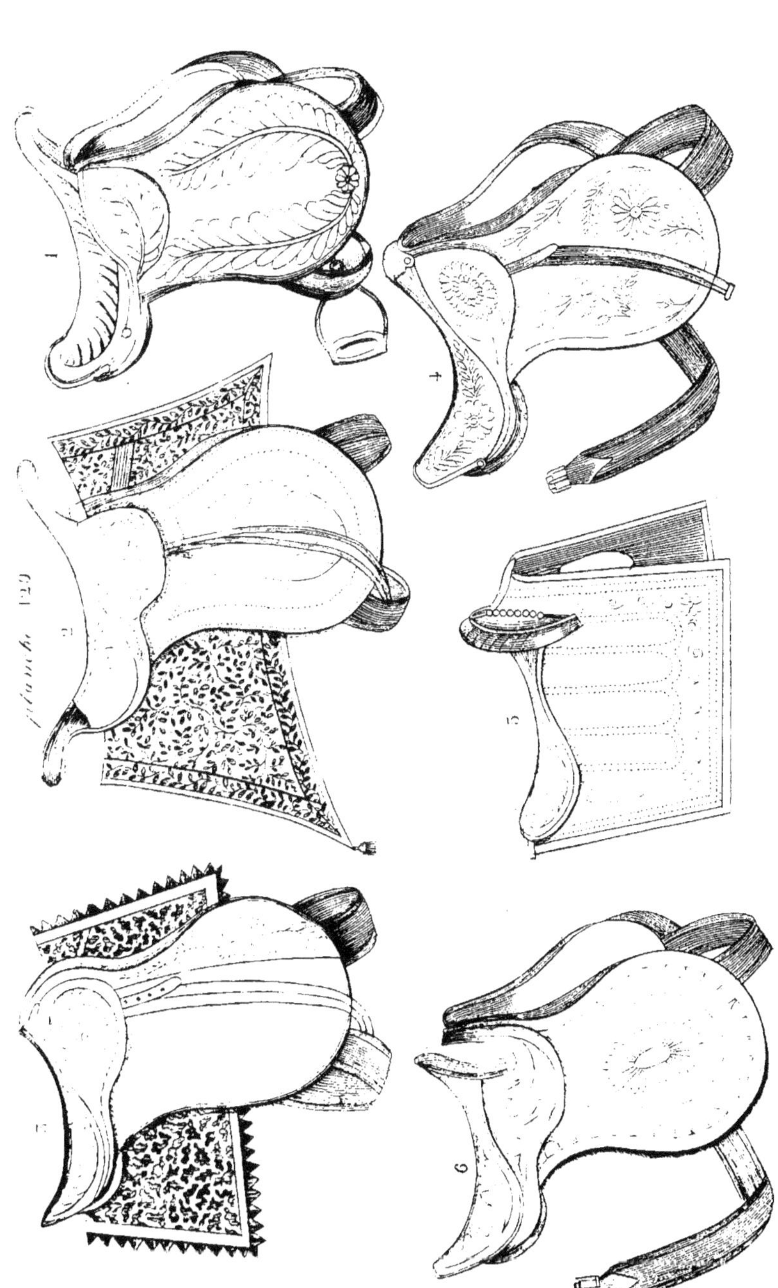